1. EINLEITUNG

Um selbständiges Lernen und Denken von Schülern im Unterrichtsgespräch anzuregen und zu unterstützen, sind besondere Fähigkeiten der Gesprächsführung erforderlich. Diese Fähigkeiten können erlernt und durch systematisches Üben verbessert werden. Mit dem hier vorgestellten kognitiven Lehrtraining können Sie sich im Selbststudium durch eine Vielzahl von Übungen in simulierten Unterrichtssituationen auf die Praxis der Gesprächsführung vorbereiten.

Das kognitive Lehrtraining bietet Anregungen und Hilfen an, über Handlungsmöglichkeiten bei der Gesprächsführung zu reflektieren und Wissen und Erfahrungen über Unterrichtsgespräche in Handlungen umzusetzen. Dazu werden die dem Lehrer zur Verfügung stehenden Mittel der Gesprächsführung durch spezifizierte, konkrete Verhaltensformen modellhaft beschrieben. Mit dieser Konkretisierung ist eine wesentliche Voraussetzung erfüllt, Gesprächsführung erlernbar bzw. trainierbar zu machen. Durch kognitives Diskriminationstraining (Unterscheidungslernen) wird die Fähigkeit zum differenzierten Wahrnehmen, Unterscheiden und Kategorigieren eigenen und fremden Lehrverhaltens verbessert. Dabei entwickeln Sie klare begriffliche Vorstellungen über Handlungsmöglichkeiten für die Gesprächsführung.

Das Kernstück des Trainingsprogramms bildet das Entscheidungstraining, bei dem Sie die zu übenden Lehrtätigkeiten in schriftlich vorgegebenen Unterrichtssituationen gedanklich realisieren und Ihre Handlungsentscheidung aufschreiben. Bei diesen Übungen führen Sie ähnlich wie beim wirklichen Unterricht alle gedanklichen Tätigkeiten der Handlungsplanung und Entscheidungsfindung durch. Jedoch haben Sie hier in einer simulierten Unterrichtssituation mit geringer Komplexität die Möglichkeit, ohne Handlungsdruck die Unterrichtssituation einzuschätzen, Ihr unterrichtliches Handeln zu planen, entsprechende Lehrtätigkeiten zu erwägen und sich für den situationsangemessenen Vollzug zu entscheiden.

Die bei diesen Übungen entwickelte Entscheidungsfähigkeit und Entscheidungsflexibilität gelten als entscheidende Voraussetzung für Handlungskompetenz, didaktische Phantasie und improvisatorische Fähigkeit, um im Unterrichtsgespräch schüler- und situationsangemessen zu handeln (vgl. HUNT, 1976; SHAVELSON, 1973; 1976). Der durch das Trainingsprogramm eingeleitete Lernprozeß sollte seine Fortsetzung als Selbst-, Partner- oder Gruppentraining in der Normalsituation des Unterrichts finden. Hierzu wird der Unterricht während einer kürzeren, vorher festgelegten Unterrichtsphase auf Tonband (oder Video) aufgezeichnet. Der Vergleich der Handlungsresultate gibt Auskunft über die Angemessenheit der Handlungen und liefert Hinweise, ob eine Modifikation erfolgen muß.
Darüber hinaus sollen die Erfahrungen mit diesem Trainingsprogramm dazu beitragen, Unterricht gezielter beobachten, eigenes Verhalten bewußter wahrnehmen und besser kontrollieren zu lernen. Sie sollen weiterhin dazu anregen, Trainingsziele auf eigene Handlungsdefizite und subjektive Veränderungswünsche abzustimmen und ein individualisiertes Training zu gestalten.
Bei der allgemein beobachteten Dominanz der Vermittlung theoretischen Wissens in der Lehrerausbildung und -weiterbildung soll mit diesem Trainingsprogramm eine Alternative angeboten werden, die zeigt, wie Wissen in Handlungen umgesetzt und auf den Handlungsvollzug vorbereitet werden kann. "Die beste Art eine Handlung zu lernen ist (auch beim kognitiven Lehrtraining, H.T.) der Vollzug dieser Handlung" (GAGNÈ, 1962, S. 84).

Der hier vorgelegten Fassung des Trainingsprogramms ging eine längerdauernde Erprobung voraus, bei der Studierende des Erziehungswissenschaftlichen Fachbereichs der Technischen Universität Braunschweig durch Anregungen und Verbesserungsvorschläge wertvolle Beiträge geliefert haben. Allen Studierenden, die als Mitarbeiter oder Trainingsteilnehmer an der Überarbeitung und Erprobung des Trainingsprogramms mitgewirkt haben, sei an dieser Stelle gedankt. Besonderer Dank gilt Bettina Muckulis, Irmgard Streich und Jürgen Osterloh für engagierte und konstruktive Mitarbeit.

2. AUFBAU DES TRAININGSPROGRAMMS UND TRAININGSZIELE

Das Trainingsprogramm besteht aus drei Teilen, deren Abfolge durch das im 3. Kapitel dargestellte kognitive Lern- und Handlungsmodell begründet ist.

Dieser Teil des Trainingshandbuchs beschreibt das dem Training zugrundeliegende kognitionstheoretisch begründete Modell des Lernens und Handelns. Das Modell erklärt die Lernvorgänge beim Training und begründet die Trainingsmethode.

Weiterhin wird das für den Trainingsinhalt relevante didaktische Handlungswissen vermittelt: Informationen über das Unterrichtsgespräch mit den notwendigen begrifflichen Klärungen und einer ausführlichen Beschreibung der anschließend trainierten Lehrtätigkeiten zur Gesprächsführung.

<u>Trainingsziele:</u>

- Erwerb und Erweiterung des didaktischen Handlungswissens für den hier trainierten Aspekt der Gesprächsführung, das die Grundlage für theoriegeleitetes Handeln bilden soll.

Durch kognitives Diskriminationstraining will das Programm die Fähigkeit zum differenzierten Wahrnehmen, Unterscheiden und Kategorisieren von Lehrtätigkeiten zur Gesprächsführung verbessern. Als Trainingsunterlagen dienen zwölf Protokollausschnitte aus Unterrichtsgesprächen.

Jedes Protokoll wird mit einer kurzen Situationsbeschreibung eingeleitet. Die Diskriminationsaufgabe besteht darin, Lehrtätigkeiten des Problematisierens, Akzentuierens und Nachhakens im Kontext protokollierter Unterrichtsgespräche zu erkennen und zu kategorisieren.

Trainingsziele:

- Entwicklung klarer begrifflicher Vorstellungen über die Lehrtätigkeiten Problematisieren, Akzentuieren und Nachhaken.
- Entwicklung einer differenzierten Wahrnehmung dieser Lehrtätigkeiten, um das Identifizieren und konkrete Einüben derselben zu erleichtern.

Das Entscheidungstraining bildet den umfangreichsten Teil des Trainingsprogramms. Nach einem kurzen Übungsteil, der mit dieser Trainingsart vertraut macht, werden Protokolle von zwei vollständigen Unterrichtsstunden wiedergegeben. Hinweise zum Lehrinhalt, Angaben über Lehrziele und zum methodischen Verlauf der Unterrichtsstunden erlauben es dem Trainingsteilnehmer, sich in die Rolle des protokollierten Lehrers hineinzuversetzen bzw. sich in die Unterrichtsstunde hineinzudenken.
Beim Entscheidungstraining werden Unterrichtssituationen beschrieben, bei denen die Interaktionssequenz nach einer Schüleräußerung abbricht. Der Trainingsteilnehmer erhält Informationen über das Handlungsziel des unterrichtenden Lehrers, er überlegt dann Handlungsmöglichkeiten und entscheidet, welche Lehrtätigkeit für den Fortgang des Unterrichtsgesprächs angemessen erscheint.

Bei einer Variante dieses Trainings muß der Trainingsteilnehmer die vorgegebene Unterrichtssituation mit seinem Wissen über Unterrichtsgespräche analysieren und einschätzen, selbst Handlungsziele finden, Handlungsmöglichkeiten planen und sich für eine angemessene Lehrtätigkeit entscheiden.

<u>Trainingsziele</u>:

Entwicklung und Förderung der "kognitiv-konstruktiven Handlungskompetenz" (MISCHEL, 1973, S. 265 f.) als der Fähigkeit, durch Überlegen, gedankliches Abwägen und Aktualisieren des didaktischen Handlungswissens

- Unterrichtssituationen zu analysieren und einzuschätzen,
- Handlungsziele zu finden und für diese entsprechende Handlungsentwürfe (Lehrtätigkeiten) aus dem Handlungsrepertoire auszuwählen bzw. zu konstruieren und über deren schüler- und situationsangemessene Realisierung zu entscheiden.

Zu allen Übungsaufgaben werden Lösungsvorschläge angeboten, die eine unmittelbare Rückmeldung und Möglichkeit zur Selbstkontrolle bieten. Die Lösungsvorschläge werden begründet und beim Entscheidungstraining - wenn Situationseinschätzungen gefordert und Handlungsziele überlegt werden - zusätzlich kommentiert.
An dieser Stelle sei bereits auf das Problem der "richtigen Lösung" bei didaktischen Entscheidungen hingewiesen: Es wird vermutlich in einigen Fällen keine völlige Übereinstimmung mit den Lösungsvorschlägen des Verfassers bestehen.

Dafür gibt es mehrere Gründe: Unterschiede in didaktischen Überzeugungen, verschiedenartige Lehrstile, unterschiedliche Einschätzung der Unterrichtssituationen und die nicht immer scharfen begrifflichen Abgrenzungen zwischen den Lehrtätigkeiten erschweren eindeutige Entscheidungen und Übereinstimmungen bei der Angemessenheit der gefundenen Aufgabenlösungen. Durch eine entsprechende Auswahl der Trainingsunterlagen wurde dafür gesorgt, die angedeuteten Erschwerungen zu vermindern.

Für die einzelnen Trainingsphasen gaben Studierende des Lehramts an Grund- und Hauptschulen folgende durchschnittliche Bearbeitungszeiten an:

1. Trainingsphase
   Diskriminationstraining — 3 1/2 Stunden
2. Trainingsphase
   Entscheidungstraining I: — 2 1/4 Stunden
   Entscheidungstraining I/II: — 3 1/2 Stunden

KOGNITIVES LEHRTRAINING - INFORMATIONSPHASE

GESPRÄCHSFÜHRUNG IM UNTERRICHT

3. INFORMATIONSPHASE

3.1 THEORETISCHE GRUNDLAGEN DES KOGNITIVEN LEHRTRAININGS

Die Konzeption des Trainingsprogramms stützt sich auf das kognitive Lern- und Handlungsmodell von WOODRUFF (1967). Es

- erklärt Aufbau und Veränderung des Lehrverhaltens als kognitives Lernen, d.h. Aneignung, Verarbeitung und Anwendung handlungsleitender Begriffe, Regeln und Problemlösungsprozesse

- beschreibt Unterrichten als auf Problemlösungs- bzw. Entscheidungsprozessen basierendes Handeln,

- begründet Trainingsmethoden und ihre Kombination.

Das Modell beschreibt vier Phasen eines Lernprozesses oder einer Handlung, zwischen denen ein funktionaler Zusammenhang besteht.

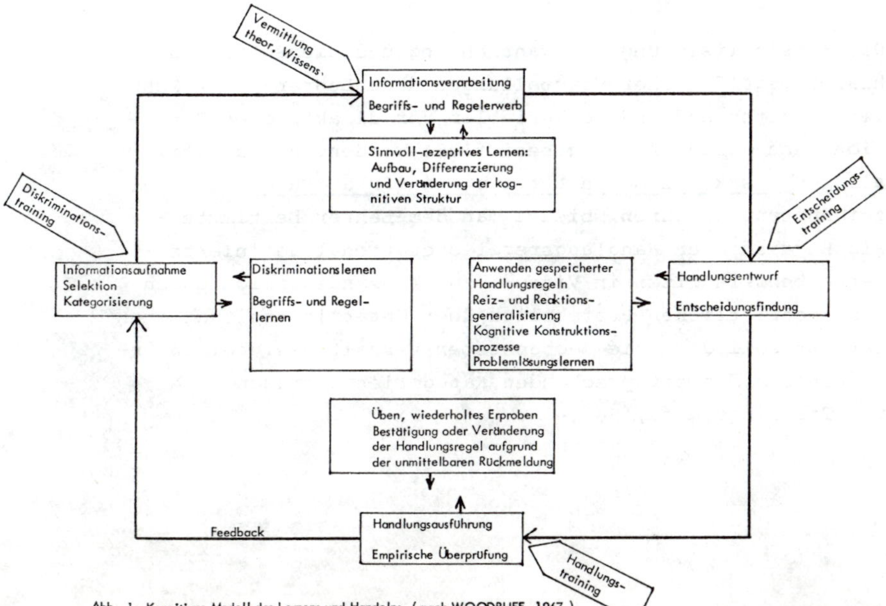

Abb. 1: Kognitives Modell des Lernens und Handelns (nach WOODRUFF, 1967)

Informationsaufnahme

Um die erforderlichen Informationen für Analyse und Einschätzung der Unterrichtssituationen, Handlungsplanung und Entscheidungsfindung wahrnehmen zu können, muß der Lehrer theoretisch fundiertes Wissen über den Lehr- und Lernprozeß erwerben. Im Idealfall verfügt er über ein differenziertes, begriffliches Bezugssystem, mit dessen Hilfe er die relevanten Informationen diskriminiert und klassifiziert. Diese Fähigkeit erlaubt es dem Lehrer, Unterricht theoriegeleitet zu beobachten und sein eigenes Verhalten zu kontrollieren. In der konkreten Unterrichtssituation vergleicht er das geplante Verhalten mit dem realisierten, stellt die unmittelbaren Auswirkungen seines Verhaltens auf die Schüler fest und erkennt Unterrichtssituationen bzw. Verhaltensweisen der Schüler, in denen die Realisierung eines entsprechenden Lehrverhaltens angemessen erscheint. Veränderungen im Lehrverhalten werden nötig, wenn bei wahrgenommener Inkongruenz sich das konkrete Verhalten an einem zuvor formulierten, erwünschten Zielverhalten orientiert bzw. diesem angenähert wird.

Die Sensibilisierung der Wahrnehmung und die Entwicklung klarer begrifflicher Vorstellungen über Lehrer- oder Schülerverhalten und andere Variablen der didaktischen Situation kann durch Training beeinflußt werden. Bei diesem, als D i s k r i m i n a t i o n s t r a i n i n g bezeichneten Verfahren, bietet man dem Lehrer bestimmte - als Begriff oder Handlungsregel operational definierte - Verhaltenseinheiten in Video- bzw. Tonbandaufzeichnungen oder schriftlichen Protokollen über Unterrichtssituationen dar. Er soll dann die beobachteten Verhaltenseinheiten erkennen und den entsprechenden Kategorien zuordnen.
(1. Trainingsphase, Seite

Gleiche Effekte wie beim Diskriminationstraining werden durch Beobachtungstraining mit Merkmals- und Kategoriensystemen der Unterrichtsbeobachtung und -analyse erreicht (GRELL, 1974, S. 61 - 67, S. 229). Die Wirksamkeit beider Methoden im Hinblick auf Verhaltensänderungen wird in einer Reihe empirischer Untersuchungen belegt. (BORG/STONE, 1974; GLIESSMAN et al., 1979; WAGNER, 1976).

Informationsverarbeitung

Mit Informationsverarbeitung werden Prozesse bezeichnet, bei denen die aufgenommenen Informationen in der Wissensstruktur gespeichert, organisiert und integriert werden. Sie werden in Verbindung mit früher gespeicherten und selbsterzeugten Informationen zum Erwerb von didaktischen Problemlösestrategien und Handlungsentwürfen kombiniert, differenziert und weiterentwickelt.

Der Aufbau eines unterrichtstheoretischen Bezugssystems stellt eine wesentliche Voraussetzung dar, das Wissen um bestimmte Verhaltensweisen und dessen Wirkungen in konkreten Unterrichtssituationen umzusetzen. ("Informationsphase", Seite

Handlungsentwurf und Entscheidungsfindung

In der konkreten Unterrichtssituation sieht sich der Lehrer ständig vor die Aufgabe gestellt, Handlungsentscheidungen zu treffen: Er interpretiert eine bestimmte Unterrichtssituation, findet Handlungsziele, plant Handlungsentwürfe und entscheidet sich für eine bestimmte Handlung (Lehrtätigkeit), die er aufgrund seines Erfahrungs- und Handlungswissens für angemessen hält.

Bei der Entwicklung neuartiger Handlungsentwürfe steht der Lehrer vor dem Problem, aus seinem aktualisierbaren Wissen neue Regeln aufzubauen oder - wie auch immer - neue Handlungspläne zu generieren (2. Trainingsphase in diesem Buch). Im einzelnen kann die Entwicklung eines Handlungsentwurfs durch folgende Teilprozesse beschrieben werden:

- Berücksichtigung des Handlungszieles und der situativen und personellen Bedingungen,
- Antizipation der Handlungsfolgen,
- Abwägen und Beurteilen der erwarteten Folgen,
- Einschätzung der Erfolgswahrscheinlichkeit der gewählten Handlungsalternative.

In diesem Entscheidungsprozeß wird festgelegt,

- welche Lehrtätigkeit zur Bewältigung der neuartigen Situation entwickelt oder aus der Menge der verfügbaren Handlungsalternativen ausgewählt werden soll;
- in welcher Sprachform oder Ausführungsart diese Lehrtätigkeit realisiert werden soll: z. B. ob verbal in Form eines Hinweises oder einer Frage oder nonverbal (durch einen zweifelnden Gesichtsausdruck);
- in welcher Abfolge Lehrtätigkeiten in einer Interaktionssequenz realisiert werden sollen: z. B. ob bei der Lösung einer schwierigen Denkaufgabe auf einen indirekten Denkanstoß ein direkter folgen oder durch ein anschauliches Beispiel eine Lösungshilfe gegeben werden soll;
- wann ein Schülerbeitrag als zieladäquat gelten soll, bzw. wann eine Handlungswiederholung, eine modifizierte oder eine neue Handlungsalternative erforderlich ist.

Mit zunehmender Unterrichtspraxis wird dieser Planungs- und Entscheidungsprozeß weitgehend automatisiert. Bei der Handlungsplanung kann sich der Lehrer dann in der Regel auf ein Repertoire bewährter Handlungseinheiten stützen, die habitualisiert sind und in einer Vielzahl gleich oder ähnlich wahrgenommener Situationen in gleicher oder modifizierter Form erfolgreich eingesetzt werden.

Handlungsausführung

Bei der Handlungsausführung erprobt der Lehrer die bei der Handlungsplanung getroffenen Annahmen und Entscheidungen. Der Vergleich des Handlungsresultats mit dem Handlungsziel gibt ihm Auskunft über die Angemessenheit der Handlung oder liefert ihm Hinweise darüber, ob eine Modifikation des Handlungsentwurfs bzw. der Handlungsregel notwendig ist.

Bei wiederholter erfolgreicher Handlungsausführung hat sich die Handlungsregel (Lehrtätigkeit) bewährt. Sie kann dann in das Langzeitgedächtnis überführt werden und steht dem Lehrer fortan zur Verfügung.

Der Erwerb und das Einüben von Lehrtätigkeiten wird erleichtert, wenn Unterrichtssituationen gestaltet werden, in denen bei reduzierter Unterrichtskomplexität die Erprobung der Lehrtätigkeiten unmittelbar auf Angemessenheit überprüft wird. Das ist beim Microteaching der Fall, bei dem durch audiovisuelles Feedback die Möglichkeit besteht, das geäusserte Verhalten mit dem Handlungsentwurf zu vergleichen.

Ein noch größeres Ausmaß an erleichternden Bedingungen ist beim kognitiven Lehrtraining gegeben, wenn die Handlungserprobung durch gedankliche Realisation anhand von Unterrichtsprotokollen simuliert wird.

3.2 DAS UNTERRICHTSGESPRÄCH ALS LEHRVERFAHREN

Der Trainingsinhalt dieses Buches besteht aus Lehrtätigkeiten zur Gesprächsführung im erörternd-erarbeitenden bzw. verarbeitenden Unterricht. Diese Lehrtätigkeiten werden im Kontext des als Lehr-/Lernverfahren verstandenen Unterrichtsgesprächs trainiert. Bei dieser Trainingsform - dem "lehrverfahrensorientierten Training" - sind die einzelnen Lehrtätigkeiten in ein übergreifendes Lehrverfahren integriert.

Aus den besonderen Bedingungen des Unterrichts ergeben sich für das Gespräch in der Unterrichtsrealität verschiedene Erscheinungsweisen. Legt man den sich wechselseitig bedingenden Lehr- und Lerntätigkeiten jeweils Dimensionen für die lernprozeßsteuernde Aktivität des Lehrers und die korrespondierenden Lernaktivitäten der Schüler zugrunde, lassen sich die unterschiedlichen Ausprägungen von Lehr- und Lernaktivität als reziproke Kontinua darstellen (Abb. 2). Die im mittleren Teil der Kontinua plazierten drei Gesprächsformen sind dann als typische Ausprägungen der Lenkungsaktivität des Lehrers und dem jeweils dadurch bewirkten Ausmaß selbständigen Lernens zu bestimmen (THIELE, 1981, S. 16 - 32).

Unter dem Gesichtspunkt des Erschließens der dem Lehrinhalt innewohnenden Intention werden vier Gesprächsarten unterschieden, die jeweils nach intentional-inhaltlichen Schwerpunkten als sachklärende, interpretierende, meinungsbildende Gespräche und Metagespräche bezeichnet werden (THIELE, 1981, S. 33 - 47).

Gelenktes Unterrichtsgespräch, Lehr-/Lernverfahren und Lehrtätigkeiten werden im folgenden Sinne verstanden (vgl. THIELE, 1981, S. 16 - 19; 67 - 78).

Abb. 2 : UNTERRICHT ALS KONTINUA DER LEHR- UND LERNAKTIVITÄTEN

Klassifikation der Gesprächsformen und Gesprächsarten

Lehrer	groß	Lernprozeßlenkende Aktivität	gering
Schüler	gering nachvollziehend/ rezeptiv	Lernaktivitäten/Kommunikationschancen (an)geleitet/angeregt - (re)produktiv	groß selbständig-produktiv
Lehr-/ Lern-verfahren	Darbietend- nachvollziehende Lehr- und Lernaktivität	Erörternd- ver/erarbeitende Lehr- und Lernaktivität	Aufgebend- ver-/ erarbeitende Lehr- u. Lernaktivität

Gesprächsformen (Lenkungsaspekt)	Lehrgespräche	Gelenkte Unterrichtsgespräche	Schülergespräche
	hohes Ausmaß an direkter Lenkung vorstrukturierte Gesprächsphasen, kaum Interaktionen der Schüler untereinander - Wiederholungsgespräch	zurückhaltend gelenkte, in Umrissen vorstrukturierte Gesprächsphasen, potentielle Mitwirkung der Schüler bei der Gestaltung des Gesprächsverlaufs	kaum gelenkte, nicht vorstrukturierte Gesprächsphasen, weitgehend selbständig geregelte, sach- und problembezogene Gesprächsführung durch die Schüler - Partnergespräch - Kleingruppengespräch
Gesprächsarten (Inhaltsaspekt)	- Sachklärendes - Meinungsbildendes - Interpretierendes (Gespräch) - Metagespräch		

3.2.1 GELENKTES UNTERRICHTSGESPRÄCH

Mit dem Begriff "gelenktes Unterrichtsgespräch" werden hier alle Formen sprachlicher Interaktionen im erörternd-erarbeitenden bzw. verarbeitenden Unterricht bezeichnet, in denen Schüler bei zurückhaltender Lenkung des Lehrers die Möglichkeit haben, aktiv am Gespräch teilzunehmen und den Gesprächsverlauf zu beeinflussen.

Im Hinblick auf die sich im Gespräch vollziehenden Lern- bzw. Denkprozesse läßt sich die unterrichtliche Gesprächssituation charakterisieren als gemeinsame Auseinandersetzung mit einer Lernaufgabe oder einem Problem durch gegenseitiges Informieren in Rede und Gegenrede, Austausch von Erfahrungen, Ansichten und Meinungen, Aufwerfen von Fragen, Infragestellen, Widersprechen, Kritik, Beiträgen, Ergänzen, Erweitern oder durch andere affirmative, argumentative und appellative Redeformen. In solchen Gesprächen zwischen Lehrer und Schülern findet Austausch, Ausgleich, Vermehrung von Wissen statt. Das Wissen über den Lerngegenstand wird erweitert, gefestigt, neu strukturiert, unter neuem Aspekt gesehen und die Einsicht in ein problematisches Thema gesteigert.

Im Idealfall verläuft das Unterrichtsgespräch als ein Prozeß mit kontinuierlicher Rückkoppelung. Jeder Gesprächsbeitrag hat dabei induzierende Wirkung auf die Denkprozesse der anderen Gesprächsteilnehmer und regt zur Fortsetzung des Gedankenganges in Form von Einfällen, Erklärungsversuchen, Schlußfolgerungen oder Fragen an, die selbst wieder induzierende Funktionen haben. Auf diese Weise entwickelt sich ein kooperativer Lern- bzw. Denkprozeß mit den Leistungsvorteilen der Gruppe im Bereich des Suchens, Findens und Bestimmens.

Im Unterrichtsgespräch sind die Rollen der Gesprächsteilnehmer durch den besonderen Kommunikationsrahmen (Schulklasse, Lehrer-Schüler-Verhältnis, altersspezifische Gruppierung) festgelegt (vgl. RITZ-FRÖHLICH, 1977, S. 19). Zwischen den Gesprächsteilnehmern besteht in inhaltlicher und methodischer Hinsicht ein deutliches "Gefällefeld" (WINNEFELD, 1963, S. 32). Der Lehrer, in der Rolle des Gesprächsführers, hat "das überlegene Wissen ..., durch das ihm durchsichtig ist, wo die anderen nur mühsam vorwärts dringen, durch das er erkennt, was weiterführt und was abführt, und so den Verlauf des Hin- und Widerredens steuern kann. Er übersieht gewissermaßen von oben her die Landkarte des Unterrichtsgegenstandes und verfolgt auf ihr die Wege, auf denen die Schüler zu ihrem Ziel vorzudringen versuchen" (BOLLNOW, 1966, S. 63/64). Der Lehrer kennt das Ziel, er weiß welche Auffassungs- und Denktätigkeiten notwendig sind, um zu einem Ergebnis zu kommen. Er kann den Gesprächsverlauf im Hinblick auf das Ziel und in Korrespondenz zum vermuteten Lernweg in mehr oder weniger groben Umrissen antizipieren und entsprechend lenken, während sich das Informationsgefälle zwischen ihm und den Schülern erst im Verlaufe des Gesprächs verringert oder ausgleicht.

In der Rolle eines Lernhelfers hält er sich bereit, anzuregen, zu ermutigen, zu steuern, zu korrigieren, bei thematischen Abweichungen und Ausuferungen wieder einzugrenzen und wesentliche Ergebnisse zum angemessenen Zeitpunkt zusammenzufassen.
Im Verlauf eines Unterrichtsgesprächs wird der Lehrer immer dann steuernd eingreifen, wenn die Schüler überfordert sind, eine bestimmte Denkleistung selbständig zu erbringen. Das ist der Fall, wenn die Klärungsversuche an die Grenzen der aktuellen, sachlichen und intellektuellen Fähigkeiten der Schüler stoßen und nicht mit den ihnen verfügbaren Denkmitteln bewältigt werden können.

Die Eigentätigkeit der Schüler wird in dem Maße zunehmen, in dem es dem Lehrer gelingt, seine lenkende Aktivität einzuschränken und seinen Redeanteil auf das Nötigste zu beschränken. Durch eine entsprechende Gesprächserziehung, bei der die Schüler fortschreitend Selbständigkeit in der Erarbeitung und Aneignung eines Lehrinhalts erwerben, kann der Lehrer zunehmend in seiner Dirigentenrolle zurücktreten, um den Schülern den nötigen Spielraum zur Eigeninitiative zu gewähren und einer Kommunikationsform näher kommen, wie sie beim Schülergespräch angestrebt wird (vgl. RITZ-FRÖHLICH, 1977, S. 53 - 108; THIELE, 1981, S. 19 - 26).

3.2.2 LEHRVERFAHREN, LERNVERFAHREN

Lehrverfahren sind relativ invariante und wiederkehrende mit einer bestimmten Häufigkeit auftretende bzw. einer bestimmten Abfolge geordnete Lehrtätigkeiten, die darauf gerichtet sind, Lernprozesse zu beeinflussen und Schülern Lernerfahrungen zur Erfüllung bestimmter Zielsetzungen zu ermöglichen. Lernverfahren werden entsprechend definiert als Abfolge und Muster zielorientierter Lerntätigkeiten.

3.2.3 LEHRTÄTIGKEIT

Der Begriff Lehrtätigkeit bezeichnet eine relativ eng umschriebene und abgrenzbare verbale und/oder nonverbale Handlungseinheit, durch die der Lehrer mit bestimmten didaktischen Intentionen auf die Lerntätigkeiten Einfluß nimmt oder in diesem Sinne auf spontanes und initiatives Schülerverhalten reagiert.

Lehrtätigkeiten sind beobachtbar und somit operationalisierbar. Durch die damit erreichte Konkretisierung ist eine wesentliche Voraussetzung erfüllt, überschaubare Handlungseinheiten aus komplexen Handlungsmustern zu isolieren, eindeutig zu definieren und dadurch erlernbar bzw. trainierbar zu machen.

3.3 TRAININGSINHALT: LEHRTÄTIGKEITEN ZUR GESPRÄCHSFÜHRUNG

Für die Förderung und Unterstützung der Lernvorgänge im Gespräch setzt der Lehrer die ihm zur Verfügung stehenden sprachlichen Mittel mit bestimmten Intentionen ein. Dabei konkretisieren sich die den verschiedenen Funktionen der Lehrersprache entsprechenden didaktischen Intentionen in charakteristischen Lehrtätigkeiten.

Es handelt sich hier um verbale Lehrtätigkeiten zur Gesprächsführung, die für ein Lehrverhaltenstraining definiert und durch Verhaltensindikatoren (= spezifizierte, konkrete Verhaltensbeschreibungen) operationalisiert werden.

Der im Trainingsprogramm verschiedentlich verwendete Begriff "Impuls" ist synonym mit "Lehrtätigkeit zur Gesprächsführung". Impuls wird hier als Oberbegriff für alle verbalen, nonverbalen und sachlichen Impulsformen verwendet und dann gewählt, wenn der qualitative Aspekt "Anregung und Steuerung der Denktätigkeiten" besonders deutlich zum Ausdruck gebracht werden soll.

Nach dem Ausmaß der Hilfe und der erzielten Wirkung auf die Denktätigkeiten der Schüler wird zwischen direkten und indirekten Impulsen unterschieden. Bei indirekten Impulsen ist eine indirekt aktivierende Wirkung auf die Denk- und Auffassungstätigkeit beabsichtigt,"bei denen der Schüler selbst eine ausgiebige innere Verarbeitung leisten muß, und bei der nicht von vornherein feststeht, in welcher Weise reagiert werden kann" (WINNEFELD, 1956, S. 156). Die Schüler werden zu anspruchsvolleren Denkleistungen und größerer Eigenaktivität angeregt. Das ist bei direkter Impulsgebung nicht der Fall.

Hier werden die Denktätigkeiten stärker gelenkt. Die Schüler erhalten genaue Angaben zu den Lern- und Denkaktivitäten, die sie bei der Informationsverarbeitung benötigen.

Bei den im Überblick (Abb. 3) dargestellten dreizehn Lehrtätigkeiten zur Gesprächsführung wird durch die Benennung die jeweils intendierte Wirkung zum Ausdruck gebracht. In ihrer Intention ähnliche Lehrtätigkeiten sind in Gruppen zusammengefaßt und bilden in dieser Gruppierung jeweils eine Trainingseinheit.

Den Trainingsinhalt des vorliegenden Trainingsprogramms bildet die Explorationsgruppe mit den Lehrtätigkeiten

Problematisieren	-	Eine Wissenslücke bewußt machen oder inszenieren
(Pro)	-	In-Frage-Stellen
Nachhaken	-	Zur Klärung und Ausweitung von Beiträgen veranlassen
(Na)	-	Konkretisieren lassen
	-	Rückfragen mit Antworthilfen
	-	Weiterleiten
Akzentuieren	-	Gewichten von Schülerbeiträgen
(Ak)	-	Hinweis auf wichtige Informationen und angemessene Denkaktivitäten
	-	Gesprächsbeiträge nach Bedeutsamkeit ordnen
	-	Aufforderung zum Weitermachen

Bei den nachfolgend dargestellten Lehrtätigkeiten wird davon ausgegangen, daß sie reversibel sind und bei entsprechender Gesprächserziehung und homogenem Informationsstand zum Teil auch von Schülern mit ähnlichen Funktionen wie die Lehrersprache verwendet werden können.

Die Darstellung der Lehrtätigkeiten erfolgt formal in der gleichen Gliederung und umfaßt jeweils (vgl. BECKER, 1975, S. 197; GRELL, 1974, S. 192f.)

1. Definition und Beschreibung.
2. Mögliche Verhaltensindikatoren (Sublehrtätigkeiten), durch die die Lehrtätigkeit operationalisiert wird. Es werden konkrete Verhaltensbeispiele aufgezeigt, die beim Erlernen als symbolische Modelle des Zielverhaltens dienen.
3. Funktion und Situation. Versuch einer theoretischen Begründung und Reflexion der situativen Bedingungen für die angemessene Verwendung der Lehrtätigkeit.

ABB.: 3: ÜBERBLICK: LEHRTÄTIGKEITEN ZUR GESPRÄCHSFÜHRUNG

Trainingseinheit	Bezeichnung der Lehrtätigkeit	Kurzbeschreibung
	Fundieren lassen	- Fragen nach der Bedeutung von Objekten - Fragen nach Fakten - Dazu veranlassen, das Vorwissen zu aktualisieren
Verstärkergruppe	Verstärken	- Allgemein formulierte Verstärker - Spezifisches Verstärken als sprachlich differenzierte Aussagen - Selektives Verstärken - Nichtverbale Verstärker
	Ermutigen	- Anspornen zur Gesprächsbeteiligung - Zuspruch und Stärkung des Selbstvertrauens - Für ein entspanntes Gesprächsklima sorgen
	Aufgreifen/ Weiterführen	- Selektiv oder singgemäß wiederholen und modifizieren - Weiterführen von Schülergedanken
Explorationsgruppe	Problematisieren	- Eine Wissenslücke bewußt machen oder inszenieren - In-Frage-stellen
	Nachhaken	- Zur Verdeutlichung und Ausweitung von Beiträgen veranlassen - Konkretisieren lassen - Rückfragen mit Antworthilfen - Weiterleiten
	Akzentuieren	- Gewichten von Schülerbeiträgen - Hinweis auf wichtige Informationen und angemessene Denkaktivitäten - Gesprächsbeiträge nach Bedeutsamkeit ordnen - Aufforderung zum Weitermachen
Lösungsgruppe	Erklären/ Begründen lassen	- Ursache, Motive oder andere Bedingungen erkennen lassen - Verallgemeinerungen, Interpretationen, Folgerungen rechtfertigen, mit Daten belegen, beweisen, begründen lassen - Beziehungen zwischen Fakten, Ereignissen, Handlungen, Zuständen erkennen lassen
	Folgern lassen	- Zu (Schluß-) Folgerungen, Verallgemeinerungen aus näher zu bestimmenden Prämissen bzw. Bedingungen anregen - Zu Vermutungen, Vorhersagen anregen
	Bewerten lassen	- Meinungsäußerungen veranlassen - Bewertungen begründen lassen
	Informieren	- Darbieten eines Lehrinhalts - Sachverhalt klar, einfach und gut gegliedert erklären - Definieren eines Begriffs
	Zusammenfassen (lassen)	- Zwischen- und Schlußzusammenfassungen durch den Lehrer - Die Schüler zu Zwischen- und Schlußzusammenfassungen veranlassen
	Moderieren	- Mitteilen von Verfahrensweisen - Hinweis auf Gesprächsdisziplin - Zurückstellen von Gesprächsbeiträgen - Redeerteilung

3.3.1 PROBLEMATISIEREN +)

Definition, Beschreibung: Der Begriff Problem bezeichnet eine "Wissenslücke" (= unfertige kognitive Struktur) und die Schwierigkeiten, diese Lücke zu schließen. Diese Schwierigkeiten entstehen, wenn Individuen mit einer neuartigen und komplexen Situation konfrontiert werden, zu deren Bewältigung das unmittelbar verfügbare Wissen nicht ausreicht oder Verfahrensweisen, z. B. Lern- bzw. Denkmethoden nicht bekannt sind oder unzureichend beherrscht werden. Die Unvollständigkeit der kognitiven Struktur wird als affektive Spannungslage erlebt, die auf Verminderung drängt. Ein Problem wird gelöst, indem "durch eine relativ neuartige Kombination von Erfahrungen oder durch eine durch Überlegen gefundene Synthese" ein bestimmtes Ziel, eine Einsicht erreicht werden kann (Drever/Fröhlich, 1968, S. 180). Mit Problematisieren werden in diesem Sinne Lehrtätigkeiten bezeichnet, durch die ein "Lückenerlebnis", das durch eine Frage, eine ungelöste Aufgabe, Ungereimtheit, einen Widerspruch, Gegensatz oder eine unterschiedliche Meinung, Unklarheit, Ungewißheit hervorgerufen wurde, vom Lehrer bewußt gemacht, inszeniert oder aufgegriffen wird und mit seiner Unterstützung von den Schülern möglichst selbständig geschlossen bzw. gelöst wird.
Problematisieren läßt sich dann am besten realisieren, wenn durch problemweckende Impulse bzw. Informationen "eine dosierte mittlere Diskrepanz" (Heckhausen, 1969, S. 200) zu bestehenden kognitiven Schemata vermittelt wird, diese aufgebrochen werden, dann umstrukturiert und modifiziert werden müssen, um zur Einsicht zu führen" (vgl. Joerger, K., 1975, S. 77f.)
Geht man davon aus, daß dieser Vorgang mit einem affektiven Spannungszustand verbunden ist, könnte es das Ziel des Lehrers sein den Lösungsprozeß dadurch spannend zu gestalten, daß er ihn hinauszögert, Irrwege zuläßt, nicht auf Lösung drängelt, um schließlich bei möglichst vielen Schülern ein spannungslösendes "Aha-Erlebnis" (Bühler) auszulösen.

+) Kapitel 3.3.1 bis 3.3.3 übernommen aus THIELE, H., 1981, S. 89 - 102

Für ein solches Vorgehen spricht auch die Tatsache, daß unter affektiven Begleitzuständen gefundene Lernergebnisse besser behalten werden. H. Roth (1960, S. 274) fordert vom Lehrer Geduld in dieser Situation:"Der Lehrer wird gern ungeduldig, wenn der Lernschritt "Ringen mit dem Widerstand" zu lange dauert. In Wirklichkeit ist dieses Ringen, dieses In-der-Spannung-stehen, schon Vorarbeit für das "Behalten und Bereitstellen". Rasch gelöste Aufgaben oder rein vermittelte Lösungen werden rasch wieder vergessen. Verzögerte Lösungen haften besser."

Verhaltensindikatoren

1. Eine Wissenslücke bewußt machen oder inszenieren:
   - Auf ungelöste Aufgaben, Ungereimtheiten, Merkwürdigkeiten, Ungewißheiten hinweisen, um Lücken- oder Diskrepanzerlebnisse bewußt werden zu lassen, die zur Auseinandersetzung mit einer Aufgabe, einem Problem anregen;
   - Darbieten eines widersprüchlichen Sachverhalts, z. B. in Form einer provozierenden Behauptung oder auch über ein Medium, etwa ein Bild, um auf diese Weise einen Anreiz zur Auseinandersetzung, zum Nach- und Weiterdenken zu geben.

Beispiele: Geeignet sind alle Einstiegsimpulse,die durch den Neuigkeitsgehalt und die situativen Anreize der Lernaufgabe die Erwartungsschemata der Schüler, das Vertraute und Gewohnte (im mäßigen Grade) durchbrechen, z. B. "Aerodynamisches Paradoxon": Der Lehrer pustet zwischen parallel gehaltene DIN A 4 Schreibblätter. - "Der tanzende Groschen": Eine leere Flasche wird mit einem Zehnpfennigstück verschlossen. Der Lehrer umfaßt die Flasche. - Ein aufgeblasener, aber unverschlossener Luftballon wird freigelassen. - Eine kurz zuvor ausgeblasene Kerze wird mit einem Feueranzünder wieder entflammt.

Der Fuchs ist doch eigentlich im Nachteil. Er kann nicht fliegen, er hat kurze Beine, er kann nicht klettern und trotzdem schafft er es, den Käse zu bekommen. - Fällt euch denn da etwas auf? Was der Fuchs zu dem Raben sagt. - Und als er da auf dem hohen Baum war, der Rabe mit dem Käse, eigentlich war er doch da in Sicherheit. - Hm, das ist eigentlich eine komische Sache in der Geschichte hier. Das finde ich aber merkwürdig.

Eine Behauptung aufstellen, z. B. eine mit Bestimmtheit geäußerte, aber unbewiesene oder noch zu beweisende Meinung, die vom Lehrer verwendet wird, um die Schüler zur Auseinandersetzung mit der Äußerung zu veranlassen.

Beispiele: Es gibt noch einfachere Lösungswege! - Columbus war nicht der Entdecker Amerikas! - Jetzt sind wir fertig und müßten die Regel aufstellen können! - Diese Zahlen sagen uns etwas! - Ein Ganzes hat aber vier Viertel! - Das können wir doch nicht alles unter diesem Gedanken zusammenfassen.

Didaktische Provokation: Der Lehrer dramatisiert einen Sachverhalt, um eine Auseinandersetzung damit anzuregen. Durch eine bestimmte Gestaltung der Lernaufgabe, gegensätzlich oder provozierende, pointiert aufgestellte Behauptungen werden Selbstverständlichkeiten fragwürdig gemacht. Die Schüler werden bewußt auf einen Irrweg gebracht, den sie im Verlauf des Lernprozesses selber als solchen erkennen und widerlegen sollen (Muth, 1967, S. 63ff).

- Zu kritischeren, differenzierteren Überlegungen anregen.

Beispiele: Habt ihr das nicht zu einfach gesehen? - Kann man nicht mehr dazu sagen? - Sind das vielleicht verschiedene Probleme? - Schon ganz gut so, aber eine Kleinigkeit stimmt noch nicht.- Das sollten wir noch einmal genauer überlegen.

2. In-Frage-stellen (lassen)

- Auf Unvereinbarkeit oder Nichtübereinstimmung mit Fakten, allgemein akzeptierten Meinungen oder anderen Schülerbeiträgen hinweisen.

Beispiele: Sven hat vorhin aber etwas anderes gesagt. - Für deine Beobachtung findest du aber kein Beispiel im Test. - Die Vertreter der x-Partei sind da aber ganz anderer Meinung. - Du sagst, es war Mitleid. Was es nur Mitleid?

- Auf Gegensätze, Widersprüche innerhalb eines Textes oder innerhalb von Schülerbeiträgen, das Verhalten von Personen, die Realität oder die Logik betreffend, hinweisen.

Beispiele: Vergleicht einmal das Verhalten des Löwen und der Maus in der ersten Hälfte der Fabel mit dem Verhalten der beiden am Schluß! - Fuchs und Rabe reden hier miteinander wie Menschen!

- Schülerbeiträge, Textzitate, Thesen - auch als Alternativen - zur Diskussion stellen, dazu auffordern, sich damit auseinanderzusetzen.

Beispiele: Wie denken die anderen darüber? - Das dürft ihr aber nicht einfach hinnehmen! - Was meint ihr dazu? - Damit gebt ihr euch schon zufrieden? - Das ist eine Möglichkeit, es gibt aber noch andere!

- Gegenfrage stellen, Gegenbeispiel geben, Gegenvorschlag erbitten, eine Gegenbehauptung aufstellen, zum Widerspruch, zur Widerlegung auffordern;
- auf mögliche Konsequenzen hinweisen, Alternativen erwägen (lassen)
- auf entgegengesetzte Auffassungen, Richtungen, Meinungen verweisen und als richtig, ebenso berechtigt oder wahrscheinlich hinstellen (lassen).

Beispiele: Glaubst du das wirklich? - Wer hat einen anderen Vorschlag? - Ich habe aber etwas anderes beobachtet. - Dazu muß man wohl Stellung nehmen. - Hat jemand von euch eine andere Erfahrung gemacht? - Diese Argumentation dürfte euch noch nicht überzeugt haben. - Da bin ich aber ganz anderer Meinung! - Das kann ich mir nicht vorstellen. - Ist das günstig? - Muß das unbedingt so sein?

- Einschränken: Hinweis auf Vorbehalte, zunächst bedingte Zustimmung, dann aber diese Zustimmung einschränken (Ja-aber-Methode), z. B. "Ja ..., aber ...", "Ja ..., andererseits jedoch ..." L: Du hast schon recht, aber du mußtnoch berücksichtigen, daß ...- Eigentlich müßte es so gehen, so zu lösen sein. Wenn wir nun aber noch berücksichtigen, daß ... - Richtig! Allerdings ...
  Erstaunter Gesichtsausdruck, Schulterzucken, Pause, Kopf- oder Handbewegungen, die den Schülern signalisieren, daß der Lehrer noch nicht zustimmen kann, noch Bedenken oder Zweifel hat.

<u>Funktion und Situation</u>

Funktion: Motivierung zur Auseinandersetzung durch problemweckende Impulse oder mit einer problemhaltigen Lernaufgabe. Der Lehrer nutzt die motivierende Wirkung einer Problemsituation, die aus dem Erleben von Barrieren zwischen Ausgangslage und angezielter Endlage resultiert, aus und gestaltet Lernsituationen, in denen er Schüler über Erlebnisqualitäten des Unerwarteten, Ungelösten, Unvollkommenden, Ungewissen, Widersprüchlichen die unfertige kognitive Struktur als Wissenslücke bewußt macht.
Steuerung des Denkens durch verbale Impulse: Durch eine zurückhaltende, ii irekte Lenkung gestaltet der Lehrer Lernsituationen, die Raum und Gelegenheit zu selbständigen Denkleistungen gewähren, die dazu anregen, mannigfaltige Ideen, Assoziationen hervorzubringen und dazu ermutigen, gedanklich etwas zu wagen. Er bietet seine Hilfe erst dann an, wenn die auftretenden Schwierigkeiten unüberwindbar erscheinen.

Er regt dazu an, einen Sachverhalt mit komplexer Struktur in Teilgebiete oder Teilziele aufzugliedern.
Bei Problemsituationen, in denen nur verbale Steuerungsimpulse eingesetzt werden, ergibt sich die Schwierigkeit, daß die rein verbal formulierten Probleme eine größere Barriere darstellen, als es bei der Verwendung von Anschauungsmaterialien wie Modellen, Abbildungen oder Gegenständen der Fall ist. Wann immer möglich, sollte auch im Unterrichtsgespräch darauf zurückgegriffen werden.
Suchman (1965, S. 70) nennt folgende Bedingungen, die in Problemsituationen zu einem fruchtbaren Gesprächsklima beitragen können:

- eine freie und offene Unterrichtssituation, die zur Auseinandersetzung mit dem Gesprächsgegenstand oder zur Untersuchung der gestellten Aufgabe anregt, um so den Lernenden zur Überprüfung seiner Ideen oder Hypothesen an den verfügbaren Daten zu veranlassen

- im geeigneten Augenblick Lernhilfen in Form von Vorschlägen oder Anregungen geben

- ein entspanntes Lernfeld schaffen, d. h. eine Atmosphäre, in der Schüler auch unfertige Überlegungen äußern dürfen und unrichtige Vorschläge und Theorien nicht zurückgewiesen werden, sondern die Schüler ermutigt werden, selbst die Richtigkeit oder Angemessenheit ihrer Einfälle zu überprüfen. Ungewöhnliche Antworten und Fragen, originelle Ideen werden respektiert, indem sie zur Kenntnis genommen, diskutiert und geprüft werden und der Schüler für seinen Beitrag verstärkt wird. Antworten, die nicht zur Sache passen, werden nicht barsch abgewiesen oder negativ verstärkt. Falsche Antworten sollten zwar als solche kenntlich gemacht werden, aber in einer Art, bei der die Schüler nicht entmutigt werden, z. B. "Bei deiner Überlegung stimmt etwas noch nicht. Hast du es auch schon gemerkt? Aber schön, daß du es versucht hast. Versuch es noch einmal."

3.3.2 NACHHAKEN

Definition, Beschreibung: Der Lehrer fragt ("hakt") unmittelbar im Anschluß an einen Schülerbeitrag nach und fordert die Schüler auf, über eine oberflächliche, unklare, unpräzise Erst-Antwort hinauszugehen. Er fordert zu weiteren Äußerungen, mehr Informationen, durchdachteren Antworten im Zusammenhang mit dem ersten Beitrag auf, um die Schüler zur weiteren Klärung, Verdeutlichung zu veranlassen (to ask penetrating and probing questions, McDonald/Allen, 1967, S. 187-192). Der Lehrer fordert dazu auf, einen Beitrag, der zwar nicht falsch, aber dem Sachverhalt nicht ganz angemessen ist oder noch nicht verständlich genug erscheint, zu klären, zu verdeutlichen oder noch differenzierter vorzutragen. Er hilft so dem betreffenden Schüler oder den anderen Gesprächsteilnehmern, einen im Kern richtigen Gedanken sowohl sachlich als auch sprachlich präziser hervorzubringen.

Verhaltensindikatoren

1. Impulse, die zur Klärung, Verdeutlichung, Ausweitung, Differenzierung eines Beitrages veranlassen:

Der Lehrer bittet um mehr Informationen, um einen genaueren Ausdruck oder um eine Wiederholung des Beitrages. Die Ausweitung oder Klärung eines Beitrages wird erfragt, um allen Beteiligten klarer zu machen, was mit dem Beitrag gemeint war. Der Lehrer gibt diesen Impuls, weil er selbst nicht verstanden hat, was gemeint war, oder er den Eindruck hat, daß dieses bei den Schülern der Fall ist oder der Lehrer Unklarheit beim antwortenden Schüler selbst vermutet. Der Gesprächsinhalt bleibt auf dem gleichen Gedankenniveau; Nachhol-, Klärungs- und Anweisungsimpulse sollen nur verdeutlichen oder vervollständigen.

Beispiele: L: Wie meinst du das? - Ich würde gern noch mehr darüber hören. - Was meinst du mit dem Ausdruck ....? - Kannst du das auch mit anderen Worten sagen, um klarer zu machen, was du meinst? - Kannst du das noch ein bißchen genauer erklären, erläutern?

Meiner Meinung nach hast du noch nicht ganz zu Ende gedacht! - Ich kann mir nichts darunter vorstellen. Formuliere deinen Gedanken noch klarer!- Stimmt das auch? Bist du sicher?
L: (Physikstunde) Was bedeutet dieses Zeichen? Sch: Das sind Volt. L: Das kann man noch genauer sagen! Sch: Vier Volt Spannung. - L: Das verstehe ich nicht. Erkläre mir bitte noch einmal, wie das Herz sein frisches Blut bekommt. Das wird uns weiterhelfen.

2. Zur Konkretisierung veranlassen

Die Schüler werden aufgefordert, ihre Gedanken durch Beispiele, Bilder, Handlungen, Eigenschaften zu konkretisieren. Der Lehrer bietet selber Beispiele, Vergleiche zur Veranschaulichung und läßt sich bestätigen: "Habe ich dich richtig verstanden ...? Meinst du das so ...?"Er bietet Beispiele aus dem Erfahrungsbereich der Schüler oder spricht vorhandene Erfahrungen an. Anschauung heißt eigentlich sinnliches Auffassen eines Objekts (äußere oder sinnliche Anschauung). Hier soll Anschauung auch in einem weiteren Sinne verstanden werden als nur unmittelbar über eine der Sinnesmodalitäten Vermitteltes, also auch als "geistige Anschauung", die Vorstellungen anspricht und aktualisiert (innere oder geistige Anschauung).

Beispiele: Die Schüler auffordern, Gedanken, Begriffe, Vorstellungen durch Beispiele, Bilder, Eigenschaften, Handlungen zu veranschaulichen.
L: Ich kann mir darunter noch nichts vorstellen. Hast du ein Beispiel dazu? L: Die Katze antwortet dem Fuchs bescheidentlich. Wer kann uns das einmal vorspielen?

3. Rückfrage mit Antworthilfe (prompting)

Der Lehrer gibt einen Beitrag mit einer Antworthilfe in Form eines Hinweises oder einer Zusatzinformation an einen Schüler zurück, die diesem hilft, seine erste oberflächliche, unvollständige oder unklare Antwort zu verbessern oder weiterzuentwickeln.

Eine andere Form der Antworthilfe kann darin bestehen, daß der Lehrer bei einem anfänglich komplexen Impuls auf ein niedriges Impulsniveau zurückgeht und über eine Impulssequenz zur richtigen Antwort hinführt.

Beispiele: L: Hans, definiere den Begriff Polygenese! Hans: Ich kenne ihn nicht. L: Denke daran, was poly heißt. Genese heißt Ursprung oder Geburt. Den Rest kannst du jetzt allein überlegen.

L.: Wieso nützt es der weißen Minderheit, daß die Neger in Südafrika nicht streiken dürfen? Sch: Sie haben dann ihre Ruhe. L: Denkt mal an die Grundrechte der UNO.

4. Impuls weiterleiten

Um mehrere Schüler in das Gespräch einzubeziehen, richtet der Lehrer denselben Impuls auch an andere Schüler, nachdem der erste Schüler geantwortet hat. Diese Impulstechnik ist eine erfolgreiche Maßnahme, den Redeanteil der Schüler zu steigern und den des Lehrers zu reduzieren. Der Lehrer kann so auch geschickt andere Schüler in das Gespräch einbeziehen und die Redeanteile auf möglichst viele Schüler verteilen. Impulse, die nur eine Antwort zulassen, sind zum Weiterleiten nicht geeignet. Besser geeignet sind komplexere Impulse, die mehrere Antwortmöglichkeiten haben oder bei denen die Antwort aus mehreren Teilen besteht.

Beispiele: Wollen wir an diesem Punkt weiterüberlegen. - L: Welcher Zusammenhang besteht zwischen Druck und Volumen? 1. Schüler: Mit zunehmendem Druck verdichtet sich das Gas. L: zum 2. Sch: Kannst du sagen, was verdichten heißt? oder: Beantwortest du das mal hinsichtlich des Volumens?

5. Kontrollierende Verständnisfragen einschieben

Die Vergewisserung darüber, ob zu einem bestimmten Zeitpunkt etwas im richtigen Sinne verstanden wird, ist eine notwendige Maßnahme, um Pseudoverständnis aufzudecken, genaue Bedeutungen zu vermitteln, Gegensätze auszugleichen und zu kritisierenden Einstellungen gegenüber Wissen zu ermutigen (vgl. Ausubel, 1974, S. 97).

Funktion und Situation

Schüler, besonders in den unteren Klassenstufen, fragen selten nach, wenn ihnen die Bedeutung eines Begriffs oder ein Zusammenhang unklar dargestellt wurde. Das gilt sowohl für Lehrerdarbietungen als auch für die Beiträge anderer Schüler. Es ist dann die Aufgabe des Lehrers, die Initiative zu ergreifen und "nachzuhaken", wenn er Verständnisschwierigkeiten vermuten muß. Das wird immer dann der Fall sein, wenn ein Schülerbeitrag offensichtlich nicht vollständig, nicht verständlich genug, unklar oder oberflächlich ist. Solch ein Schülerbeitrag ist oft im Ansatz nicht falsch, bedarf aber einer Verdeutlichung, Ergänzung oder Weiterentwicklung. Oft kann der Lehrer nur indirekt erkennen, wann es notwendig ist, nachzuhaken oder einen Gedanken konkretisieren zu lassen. Es sollte mit eine Aufgabe der Gesprächserziehung sein, die Schüler daran zu gewöhnen, die Initiative zur Nachhaken zu ergreifen und sich an der Klärung oder Korrektur unzureichender Beiträge zu beteiligen.

Häufiges Nachfragen um Klärung kann auch mit unklarer Impulstechnik des Lehrers zusammenhängen. Stellt ein Lehrer fest, daß er sehr häufig nachhaken muß, sollte das für ihn ein Anlaß sein, seine Impulstechnik hinsichtlich ihrer Klarheit zu überprüfen. Impulse mit Antworthilfe sind in mehrfacher Hinsicht eine wirksame Lehrtätigkeit:

- Den Schülern werden durch diese Form der Hilfe die Überwindung von Schwierigkeiten erleichtert und dadurch Mißerfolge erspart.
- Der Lehrer gibt mit den verschiedenen Formen der Antworthilfe Hinweise für die Beantwortung seiner Impulse und dadurch dem Gesprächsverlauf eine bestimmte Richtung. Durch die Zusatzinformation in Form verschiedener Hinweise wird zwar das Denk- und Antwortfeld eingeengt, aber zugleich die Unbestimmtheit für die geforderte kognitive Operation reduziert.

Der Antwortende kann durch die Vorstrukturierung des Denkfeldes ohne Irrwege und unnötige Schwierigkeiten zum gewünschten Ergebnis kommen. Der Lehrer kann über die Antworthilfen das Gespräch unmittelbar moderieren und lenken.
- Antworthilfen haben eine nicht zu unterschätzende sprecherzieherische Funktion.

Durch die Vorgabe der Hilfen in Form der Hinweise kann eine breiter gestreute Beteiligung erreicht werden, da besonders schwächeren Schülern die Chance für eine richtige Antwort gegeben wird. Diese Schüler werden zur Mitarbeit ermutigt, da ihnen durch die Hinweise die Aufgabe erleichtert wird. Hat der Lehrer erst einmal eine rege Beteiligung möglichst vieler Schüler erreicht, kann er die Hilfen reduzieren oder indirekter geben.

- Schließlich empfiehlt es sich, diese Form der Hilfe bei jüngeren Schülern oder bei der Einarbeitung in neue, schwierige Unterrichtsinhalte zu wählen. So werden den Schülern schon frühzeitig Erfolgserlebnisse ermöglicht und die Einarbeitung erleichtert (vgl. Hyman, 1974, S. 323).

Weiterleiten und auch die anderen Verhaltensindikatoren beim Nachhaken sind leicht zu erlernende Lehrtätigkeiten, für die sich in vielen Unterrichtssituationen Gelegenheiten des Trainings (Selbst- oder Partnertraining) bieten.

3.3.3 AKZENTUIEREN

Definition und Beschreibung: Akzentuieren ist die Bezeichnung für Lehrtätigkeiten, durch die der Lehrer zum Ausdruck bringt, daß bestimmte Gesprächsbeiträge, Teilaspekte von Gesprächsbeiträgen oder bestimmte Informationen eine besondere Bedeutung für den Fortgang des Gespräches und die Weiterentwicklung eines Gedankenganges haben. Der Lehrer hebt Beiträge oder bestimmte Punkte hervor, weist auf bedeutsame Informationen hin oder bestätigt, daß der Denkweg angemessen ist.

Er gibt die allgemeine Denkrichtung an und deutet die Grenzen des Problemfeldes an. Die Schüler werden darauf hingewiesen, wichtige Informationen zu beachten und diese in angemessener Weise aufzunehmen und zu verarbeiten. Diese Impulse setzen den Rahmen für den Vollzug der im Gespräch angeregten oder vom Lehrer angeleiteten Denktätigkeiten und Erkenntnisakte (vgl. Aebli, 1977, S. 219f.).
Im Unterschied zum "Aufgreifen/Weiterführen" ist der Lehrer hier den Schülern direkter zugewandt, mehr initiierend und fordernd, wogegen er im ersteren Fall selbst mehr reaktiv ist, verarbeitet und weiterentwickelt.

Verhaltensindikatoren

1. Gewichten von Schülerbeiträgen
Der Lehrer gibt deutlich zu erkennen, daß ein Beitrag oder der Teil eines Beitrages für den Fortgang des Gesprächs von Bedeutung ist und die Schüler sich damit auseinandersetzen sollen. Z.B.: "Habt ihr gehört, was Hans eben gesagt hat? - Das war eine wichtige Überlegung, die du eben angestellt hast.- Beachtet diesen Vorschlag. - Das ist aber eine interessante Beobachtung, die du gemacht hast."
Er fordert Schüler auf, eine Antwort, einen bestimmten Teil eines Beitrages noch einmal, an die ganze Klasse gerichtet, zu wiederholen. Mit Feststellungen, Hinweisen, Behauptungen oder Aufforderungen wird die Aufmerksamkeit bzw. Denkaktivität der Schüler auf solche Beiträge oder Teile von Beiträgen gelenkt von denen der Lehrer eine Weiterentwicklung in der gewünschten Richtung erwartet.

Beispiele: Denkt daran, was eben gesagt wurde / wie unsere Geschichte gestern endete. - Wir sollten uns lieber mit unserem Eingangsbeispiel befassen. - Von euren Antworten kommt Petras Vermutung der Lösung am nächsten. - Wenn ihr auf die rechte Seite schaut, bemerkt ihr den Unterschied. Das, was Doris über die Ameise gesagt hat, kann uns weiterhelfen. - Das ist aber interessant, was eben gesagt wurde! - Wenn ihr genau hinseht, bemerkt ihr etwas.

2. Hinweis auf wichtige Informationen und angemessene Denkaktivitäten

Die Schüler erhalten den Hinweis,
- auf die vorangegangenen Beiträge zu achten und diese in ihre Überlegung einzubeziehen.

"Vorhin hat Jochen schon einen Lösungsvorschlag gemacht.
- Denkt an unseren Versuch von gestern. - Beachtet bitte den letzten Teil seiner Antwort."

- daß ein Gesichtspunkt, eine wichtige Tatsache, ein Einwand nicht oder zu wenig beachtet wurde.

"Ihr geht gar nicht richtig auf den Inhalt ein. Vielleicht könnt ihr einmal Beziehungen zu anderen Geschichten herstellen . - Denkt auch an andere Berufe, die mit diesem Material arbeiten . - Da ist noch eine Lücke in euren Überlegungen. - Du hast etwas vergessen."

- daß sie bei ihren Überlegungen auf dem richtigen Weg sind.

"Eure Überlegungen haben uns schon ein Stück weitergeholfen.
- Entwickle deine Überlegung so weiter."

- welche Lernaktivität mit welchem Lehrinhalt zu verbinden ist.

"Beachtet die Unterschiede zwischen den Textbeispielen! - Ihr solltet auch einmal über die Hintergründe seiner Handlungsweise nachdenken."

- Der Lehrer lenkt die Gesprächsrichtung, den Inhaltsfluß, die Denktätigkeiten durch Denkanstöße, indem er auf das Thema verweist, durch eine bestimmte Information dem Gespräch die beabsichtigte Richtung gibt und bei Abschweifen wieder zum Thema zurückführt und das Gespräch einengt.

Vergleichen:

- Impulse, die dazu anregen, veranlassen, Fakten, Objekte, Sachverhalte, Aktionen prüfend nebeneinanderzuhalten, um Unterschiede oder Gemeinsamkeiten festzustellen oder vergleichende Gemeinsamkeiten oder Beziehungen dieser Art herzustellen.

- Zwei oder mehr Dinge werden präsentiert, um ihre Ähnlichkeit oder Unterschiede hinsichtlich bestimmter Merkmale festzustellen;

- Vergleiche durch Analogie, durch Kontrastierung;
- Vergleiche anstellen mit anderen oder eigenen Auffassungen, mit der des gleichen Schülers zu einem anderen Zeitpunkt, mit Texten, Fakten oder Quellen.

Beispiele: Vergleicht das mit dem Vorgehen bei unserer letzten Aufgabe! - Vergleicht den Schluß der Kurzgeschichte mit dem von unserer Kurzgeschichte gestern.

- Beim interpretierenden oder meinungsbildenden Gespräch hat der Lehrer wichtige Gedanken, Beispiele, Argumente, Begriffe, Zitate oder Thesen vorbereitet und vorformuliert, um sie in einer geeigneten Situation in das Gespräch einzubringen, z. B. Textzitate bei der Erarbeitung einer Kurzgeschichte oder Fabel (Schlüsselsätze). Diese Schlüssel- oder Angelpunktimpulse werden im Planungskonzept schriftlich fixiert und dienen dann als Leitlinie und Strukturierungshilfe im Gesprächsverlauf.

3. Gesprächsbeiträge nach Bedeutsamkeit ordnen (lassen)

- Beiträge ordnen, einordnen, in eine richtige Beziehung zum Thema bringen, Wesentliches von Unwesentlichem unterscheiden (lassen).

- Eingrenzen, Isolieren eines Gesichtspunktes, Einengen eines Themas.

Diese Strukturierungsmaßnahmen setzen voraus, daß der Lehrer den möglichen Gesprächsverlauf in Umrissen antizipieren kann, sich gewissermaßen in groben Zügen ein "Drehbuch" des Unterrichtsgesprächs vorstellen kann und auch alternative Gesprächsverläufe in Erwägung gezogen hat.

Er erreicht damit, daß seine Gesprächsführung flexibler wird und er bei divergierenden Schüleräußerungen oder bei Gedankensprüngen der Schüler leichter die Orientierung behalten und das Gespräch strukturieren kann.

Beispiele: Du bringst jetzt ein neues Problem in unser Gespräch, nämlich die Frage, warum die Gastarbeiter ihr Heimatland überhaupt verlassen.-

Eben habt ihr über die Nahrung des Fuchses gesprochen. Jetzt sprechen wir davon, wie sich der Fuchs vor seinen Feinden schützt. - Gehört das noch zur ersten Frage? Hebst du dir diesen Beitrag für später auf? L: Wie würdest du Kandinski als Künstler beschreiben? Sch: Er malt so in der Zeit um die Jahrhundertwende. L.: Ja, das über sein Leben .... Willst du ihn nicht lieber als Maler beschreiben, als über seine Biographie zu erzählen? L: Gut, wir haben uns mit dem Einfluß des Wassers auf Feuer beschäftigt. Nun berichtet bitte vom Einfluß fließenden Wassers auf Felsen und Berge!

4. Aufforderung zum Weitermachen

Verbale und/oder nonverbale Impulse, die dazu auffordern, die gerade gezeigte Denktätigkeit fortzusetzen durch Formulierungen wie "weiter", "aha", "ganz richtig, was noch". Der Schüler erfährt auf diese Weise, daß seine bisherige Leistung angemessen war und im gleichen Sinne fortgesetzt werden kann.

Beispiele: Sammelt weiter so. - Was wißt ihr noch dazu zu sagen? - Setzt diesen Gedanken noch fort.

Funktion und Situation

Akzentuieren ist eine Form der mehr indirekten Lenkung, bei der durch Denkanstöße Bedingungen für anspruchsvollere Denkleistungen und größere Eigenaktivität bei Anwendung und Vollzug der Denk- und Auffassungstätigkeiten geschaffen werden. Der Lehrer verfährt nach dem "Prinzip der minimalen Hilfe" (Aebli, 1977, S. 222f.) Die in verschiedenen Sprachformen gegebenen Denkanstöße haben hier folgende Funktionen:

1. Lenkung der Denkrichtung: Der Lehrer setzt Schwerpunkte (Akzente) und beeinflußt auf diese Weise Richtung und Tempo der Gedankenentwicklung, er gibt Anregungen, bestimmte Sachverhalte oder Gedanken miteinander zu verknüpfen und verhindert Umwege oder Abschweifungen.

2. Anregungen zu bestimmten Denkoperationen und Hinweise auf die Angemessenheit von Denkoperationen für eine bestimmte Aufgabenlösung bzw. die Aufnahme und Verarbeitung von Informationen (= prozeßorientierte Lernhilfen, vgl. Eigler et al, 1973, S. 88f.).
Anleitung zum Vollzug der Erkenntnisakte und zur Anwendung der Auffassungstätigkeiten (Aebli, 1977, S. 219).

3. Lenkung der Aufmerksamkeit auf inhaltliche Gesichtspunkte, bestimmte Gedanken oder Aspekte von Gesprächsbeiträgen, die beim Nach- und Weiterdenken zu beachten sind.

4. Anregen zu anspruchsvollen sprecherischen Leistungen: Auf Denkanstöße formulieren Schüler ihre Gedanken in längeren Redebeiträgen und nicht nur, wie oft bei Lehrerfragen, in Ein-Wort- oder Ein-Satz-Antworten.
Aebli (1977, S. 222f.) beschreibt eine Unterrichtssituation, in der Möglichkeiten für Akzentuieren anschaulich dargestellt werden. (Gegenstand des Unterrichts: Blüte und Frucht der Tollkirsche):

"Der Lehrer geht ... folgendermaßen vor: zuerst richtet er die allgemeine Aufforderung zum Beobachten oder Nachdenken an die Klasse. Auch wenn die Beiträge der Schüler mancherlei Schwächen aufweisen und in ungeordneter Folge erscheinen, greift er noch kaum ein. Er nimmt entgegen, was die Klasse aus eigenen Kräften und selbständig zu leisten vermag. Allmählich übernimmt er dann die Leitung, um die Klasse den Erkenntnissen entgegenzuführen, die er für wesentlich hält. Er bringt Ordnung in die Betrachtung oder bestimmt mit den Schülern einen Lösungsweg, der gemeinsam beschritten wird. Vor der engen Frage und Aufforderung erscheint noch der Hinweis auf den Teil des Gegenstandes oder auf das Element des Problems, welche besonders beachtet werden müssen. ("Betrachtet nun die Beere genauer! Schaut euch den Kelch an!"). Bei einem Bild zeigt der Lehrer einfach gewisse Teile, ohne eine Frage zu stellen; bei einem mathematischen Problem sagt er etwa: "Und nun die Gesamtsumme?" oder "Ihr wolltet zuerst den Rabatt abziehen, bevor ihr den Stückpreis berechnet." Erst in letzter Linie zeigt er dem Schüler mittels eng gefaßter Fragen und Aufforderungen im einzelnen, was er zu tun hat. Auf diese Weise wird dem Zögling die minimale Anleitung geboten, die er zur Lösung der Aufgabe nötig hat."

4. ERSTE TRAININGSPHASE: DISKRIMINATIONSTRAINING

Arbeitsanweisung:
In den folgenden Protokollen finden Sie Ausschnitte aus Unterrichtsstunden verschiedener Klassen. In einer kurzen Situationsbeschreibung erhalten Sie Angaben über Klassenstufe, Lehrinhalt, Lehrziel und Stundenverlauf, damit Sie sich in die Unterrichtssituationen hineinversetzen können.

Ihre Aufgabe ist es nun, bei den mit einer Nummer versehenen Lehrerimpulsen zu entscheiden, um welche Lehrtätigkeit es sich jeweils handelt. Tragen Sie das entsprechende Kodiersymbol Pro, Na oder Ak in den dafür freigelassenen Raum ein. Vergleichen Sie dann Ihre Ergebnisse nach jeder Übung (Ü) mit den Lösungen (L), die Sie im Anschluß an die Übungen finden.

Bei der Klassifikation der Lehrtätigkeiten ist in der Regel eine eindeutige Zuordnung möglich. Sollte sich einmal eine Lehrertätigkeit nicht eindeutig klassifizieren lassen, entscheiden Sie sich für diejenige, die Ihrer Meinung nach am besten zutrifft.

Die Lösungen der Übungen 1 bis 4 und 7 werden begründet, alle anderen enthalten lediglich die Angabe der Lehrtätigkeit mit entsprechendem Verhaltensindikator.

Ü 1 Situation: Grundschule, 4. Klasse, Sachunterricht
Thema: Die Luft - ein Körper?
Schülerversuche an Gruppentischen

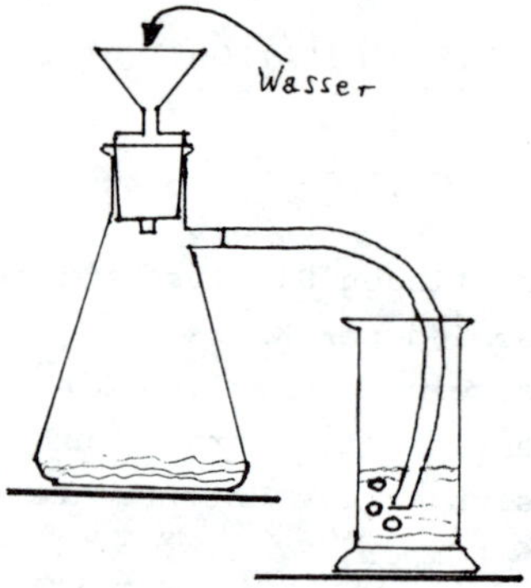

Anhand dieses Versuchs entdecken die Schüler, daß Luft nicht ein "Nichts" ist, sondern ein Körper. Auch die Übertragung der Erkenntnis auf einen neuen Sachverhalt gelingt, wie der folgende Protokollausschnitt zeigt.

L: Ihr habt eben so gut nachgedacht. Da habe ich richtig Lust gekriegt, mit euch noch ein bißchen weiter nachzudenken. Und zwar habe ich etwas vor, was ihr schon oft gemacht habt (L zeigt Luftballons hoch). (1.)

SS: (Zurufe) Ja, ja, aufgeblasen ...

L: Das kann Andreas gleich einmal machen. (Andreas kommt nach vorn und bläst einen Luftballon auf.)

L: Und jetzt könnt ihr das eigentlich erklären. (2.)

S: Da ist Luft drin in dem Ballon, weil da Luft reingeblasen wurde.

L: Ja, und weiter! (3.)

S: Die Luft in dem Ballon nimmt auch einen Platz ein, sie kann ja nicht raus.

S: Bei manchen Kindern, die einen Luftballon aufblasen, da ist kein Platz mehr und der platzt dann.

L: Richtig.

S: Der Ballon ist ja aus Gummi und das dehnt sich dann.

L: Ja, das stimmt, aber endlos geht das nicht. (4.)

S: Wenn sich das Gummi zu viel dehnt, dann platzt es, es hat ja nur eine bestimmte Stärke.
(Andreas bläst seinen Ballon weiter auf. L stoppt ihn.)

L: Er darf noch nicht platzen. Wir brauchen ihn noch. Das war schon prima. Und jetzt geht es weiter. (L holt eine Flasche hervor.) So, jetzt blasen wir wieder einen Ballon auf, aber - in der Flasche. (5.)

(Der Lehrer steckt den Ballon in die Flasche, bläst ihn aber noch nicht auf.

Mehrere Schüler murmeln etwas.)

L: Ich hörte schon etwas, sag's laut. (6.)

S: Die Flasche wird von dem Luftballon ausgefüllt.

L: Das wäre schon eine Möglichkeit. (7.)

S: Die Flasche wird ausgefüllt, bis die ganze Flasche rot ist, weil das Gummi dann an die Wände geht.

L: Hmm, hoffentlich können wir das auch sehen dann. Aber es könnte ja sein, daß noch andere Meinungen bestehen. (8.)

S: Vielleicht klappt es ja auch gar nicht, weil kein Platz in der Flasche ist.

L: Hmm.

S: ... und der kann sich nicht ausdehnen, weil das ein runder Ballon ist.

L: So, los geht's, gleich wissen wir mehr. Ein ganz Starker kann es versuchen. (9.a)
(Reges Interesse, Jens versucht es - es gelingt ihm nicht, lebhafte Unruhe und lebhaftes Interesse.)

L: Vielleicht haben wir noch einen Stärkeren hier. (9.b)
(Reges Interesse, ein weiterer Schüler kommt nach vorn; das Aufblasen gelingt auch ihm nicht.)

L: Jetzt noch ein letzter Versuch. (9.c)
(Meldungen, Zurufe, Unruhe)

L: (Peter versucht es mit letzter Kraft, L bremst ihn.)
Es reicht, der Kopf soll nicht platzen.

SS: (Zurufe). Sie (L) auch ..., Sie auch ...

L: Auf allgemeinen Wunsch bin ich auch dran.
(L versucht es - Nichtgelingen, lebhaftes Interesse.)

L: Ich glaube, ihr seid jetzt der Lösung schon ziemlich nah. (10.)

S: Der Luftballon kann sich in der Flasche nicht ausdehnen, weil er sie oben zumacht und dann kann die Luft in der Flasche nicht raus.

S: Der Ballon kann sich nicht aufblähen, denn unten in dem Glas ist noch Luft und die kann nicht entweichen. Die macht dem Ballon keinen Platz.

L: Was ihr eben festgestellt habt, paßt genau zu dem, was ihr vorhin schon herausgefunden habt. (L zeigt auf Merksatz an der Tafel: Luft ist ein Körper - sie nimmt einen Raum ein.)
Prima, es hat Spaß gemacht, mit euch nachzudenken.

L 1 Lösungen (mit Begründungen)

(1.) Problematisieren (Pro)

Luftballons im Unterricht einer Grundschulklasse! - der Lehrer kann mit Sicherheit mit dem Interesse der Schüler rechnen. Zunächst ist das Interesse auf das naheliegende Ziel "Aufblasen" gerichtet; ein wenig sind die Kinder aber auch gespannt darauf, welcher Lernzweck wohl dahinter stehen könnte.

Verhaltensindikator: Eine Wissenslücke bewußt machen oder inszenieren, Ungewißheit erzeugen

(2.) Akzentuieren (Ak)

Beim Aufblasen allein bleibt es nicht, eine Beziehung zum vorangehend Gelernten soll hergestellt werden, hier in Form einer Erklärung.

Verhaltensindikator: Hinweis auf eine angemessene Denkaktivität

(3.) Akzentuieren (Ak)

Das Denken der Schüler ist in Bewegung gekommen, die endgültige Erklärung steht noch aus. Durch die Aufforderung "... und weiter" möchte der Lehrer dazu anregen, das Nachdenken fortzusetzen.

Verhaltensindikator: Aufforderung zum Weitermachen

(4.) Akzentuieren (Ak)

Die vorangegangene Schüleräußerung ist richtig. Der Lehrer möchte jedoch, daß die Schüler in diesem Zusammenhang ausdrücklich die begrenzte Dehnbarkeit des Gummis erwähnen.

Verhaltensindikator: Hinweis auf eine wichtige Information (Konsequenz)

(5.) Problematisieren (Pro)

Alle Schüler haben vorher deutlich sehen können, daß sich der Luftballon auf die doppelte Flaschengröße aufblasen ließ.

Ihre Erwartung: Die Flasche wird vom Ballon ausgefüllt!

Verhaltensindikator: Eine Wissenslücke inszenieren, dramatisieren

(6.) Akzentuieren (Ak)
Die erste Vermutung soll von allen Schülern gehört werden, damit bestätigt oder widersprochen werden kann.

Verhaltensindikator: Hinweis auf wichtigen Beitrag

(7.) Akzentuieren (Ak)
Der Lehrer sammelt zunächst die Vermutungen.
Er signalisiert, daß weiter überlegt werden kann.

Verhaltensindikator: (indirekte) Aufforderung zum Weitermachen

(8.) Akzentuieren (Ak)
wie bei (7.)

(9.a) Problematisieren (Pro)

(9.b) Die Problematisierungs-Phase hat einen

(9.c) Höhepunkt erreicht. Den beobachteten Effekt hatten nur wenige erwartet - eine Erklärung muß gefunden werden (Auflösung einer kognitiven Dissonanz)

Verhaltensindikator: Eine Wissenslücke inszenieren, dramatisieren

(10.) Akzentuieren (Ak)
Es bedarf nur noch eines kleinen (Denk-) Anstoßes, verbunden mit einer Bestätigung bzw. Ermutigung, um die Erklärung zu formulieren.

Verhaltensindikator: Hinweis auf eine angemessene Denkaktivität

Ü 2 Situation: Grundschule, 4. Klasse, Sachunterricht
Thema: Wie das Eichhörnchen eine Nuß öffnet.
Folgende Anschauungsobjekte werden eingesetzt:
Ausgestopftes Eichhörnchen, Unterrichtsfilm.
Die Schüler werden zunächst angeregt, das Eichhörnchen zu beschreiben.
Dann wird über die Funktionen der Krallen und des Schwanzes gesprochen.
Weiterhin stellen die Schüler fest, daß Eichhörnchen zu den Säugetieren gehören.

Die Schüler beschreiben Größe, Farbe des Fells und nennen Orte, wo man das Eichhörnchen beobachten kann ...

S: Man sieht die Krallen, mit denen es springt und die Bäume hochklettert.

L: Könnt ihr etwas Genaueres zu den Krallen sagen? (1.)

S: Die eine Kralle steht so nach außen, so wie der Daumen ist und an der anderen hat es fünf Krallen.

L: Wie ist das; beschreibe es so, daß wir es alle verstehen. (2.)

S: An der Vorderpfote kann man vier Krallen sehen und an der Hinterpfote fünf.

L: Ihr könnt sicherlich auch noch etwas zu dem Schwanz sagen. (3.)

S: Der Schwanz dient nicht als Fallschirm, aber als Steuer.

L: Was fällt euch außer dem Schwanz noch auf? (4.)

S: Vorn sieht man richtige Nagezähne, wie beim Hamster.

S: Eichhörnchen können richtig von Baum zu Baum fliegen, dabei hilft ihnen ihr Schwanz.

L: Dann könnte man ja wohl von einem Vogel reden. (5.)

S: Nein, ein Eichhörnchen kann zwar sehr weit springen, aber es hat keine Flügel.

L: Wie weit kann ein Eichhörnchen denn springen? (6.)

S: So etwa vier Meter.

L: Wie ist das eigentlich mit dem Nachwuchs bei den Eichhörnchen? (7.)

S: Eichhörnchen bekommen ihre Jungen lebend, wie Kühe oder Pferde.

L: Das ist richtig. Wenn die Jungen aber nun geboren sind, müssen sie ja auch etwas zu fressen bekommen. (8.)

S: Der Vater holt die Nahrung, die Mutter bleibt im Nest.

L: Na, dann kriegen die Jungen aber wohl nichts ab. (9.)

S: Die säugen, das sind doch Säugetiere.

L: Und was kriegen die zu trinken? (10.)

S: Muttermilch.

L: Ja, natürlich.

L 2 Lösungen (mit Begründungen)

(1.) Nachhaken (Na)

Der Lehrer legt Wert auf eine genaue Beschreibung der Krallen bzw. Pfoten, da diese zum Festhalten der Nüsse beim Öffnen der Nüsse eine wichtige Rolle spielen.

Verhaltensindikator: Zur Verdeutlichung von Beiträgen veranlassen

(2.) Nachhaken (Na)

Der Lehrer vermutet, daß noch nicht allen Schülern deutlich geworden ist, was der Schüler sagen wollte. Der Schüler wird aufgefordert, genauere Angaben zu machen.

Verhaltensindikator: Zur Verdeutlichung von Beiträgen veranlassen

(3.) Akzentuieren (Ak)

Gesprächsführung heißt auch, auf mehr oder weniger indirekte Weise "Gedankenweichen" stellen oder "Signale setzen". Hier geschieht es dadurch, daß die Aufmerksamkeit der Schüler auf den Schwanz gelenkt wird.

Verhaltensindikator: Hinweis auf einen Gesichtspunkt (Merkmal), der zu wenig beachtet wurde

(4.) Akzentuieren (Ak)

Die Schüler sollen sich mit weiteren Merkmalen beschäftigen. Erwartet wird die Auseinandersetzung mit dem Gebiß. Der erste Schülerbeitrag geht auch darauf ein, jedoch hat ein anderer Schüler noch eine (wichtige) Beobachtung zum Schwanz beizutragen.

Verhaltensindikator: Hinweis darauf, sich mit weiteren Gesichtspunkten (Merkmalen) auseinanderzusetzen

(5.) Problematisieren (Pro)

Der Lehrer greift die Beobachtung "von Baum zu Baum fliegen" auf und münzt sie in eine didaktische Provokation um.

Verhaltensindikator: Didaktische Provokation

(6.) Akzentuieren/Nachhaken (Ak/Na)

"... sehr weit springen ..." ist noch ungenau. Durch Nachdenken bzw. Vermuten soll die Sprungweite gefunden/ge-

schätzt werden. Das können die Schüler herausfinden, wenn sie an die Baumabstände im Wald denken.
Der Beitrag "... sehr weit springen ..." soll gewissermaßen "zu Ende gedacht" werden, d.h. die Sprungweite erschlossen werden. Die Kodierung "Nachhaken" erscheint gleichfalls angemessen, wenn man meint, daß der Lehrer zur Konkretisierung des Beitrages auffordert.

Verhaltensindikator(en): Einen angemessenen Gedankengang weiterführen lassen (Ak)
Zur Konkretisierung veranlassen (Na)

(7.) Problematisieren (Pro)

Es wird wieder eine "Gedankenweiche gestellt", um auf einen bestimmten Sachverhalt hinzuzielen.

Verhaltensindikator: Eine Wissenslücke bewußt machen, auf einen noch zu erschließenden Sachverhalt hinweisen

(8.) Problematisieren (Pro)

Der Sachverhalt ist erst zum Teil geklärt, da noch nicht über die Ernährung der Jungtiere gesprochen wurde. Der Hinweis auf die Nahrungsaufnahme soll zum Nachdenken darüber anregen.

Verhaltensindikator: Eine Wissenslücke bewußt machen, auf einen noch zu erschließenden Sachverhalt hinweisen

(9.) Problematisieren (Pro)

Die scherzhaft gemeinte Behauptung soll die Schüler zur Widerlegung veranlassen. Sie zielt darauf ab, die Schüler zum Nachdenken zu bringen. Sie sollen herausfinden, daß Eichhörnchen Säugetiere sind.

Verhaltensindikator: Eine Behauptung aufstellen, um zur Auseinandersetzung anzuregen.

(10.) Akzentuieren (Ak)

Die Schüler haben die Aufgabe gelöst, es bedarf noch einer begrifflichen Ergänzung. Dem Lehrer erscheint der Begriff "Muttermilch" wichtig. Die erste Erarbeitungsphase ist damit abgeschlossen. Zu lösen ist jetzt noch, wie das Eichhörnchen eine Nuß öffnet. (Fortsetzung Ü 3)

Verhaltensindikator: Aufforderung zum Weiterdenken

Ü 3 Situation: Fortsetzung von Ü 2.
Im folgenden Unterrichtsausschnitt geht es um die Funktion der Zähne, insbesondere um deren Verwendung zum Nüsseöffnen.

L: Was frißt denn nun das Eichhörnchen? (1.)
(Fast alle Schüler melden sich.)

S: Nüsse, Eicheln, Tannenzapfen.

L: Da hast du Recht. Nüsse mag das Eichhörnchen besonders gern! Da taucht nun ein Problem auf. (2.)

S: Das Eichhörnchen muß die Nüsse aufmachen. Es kann die Nuß zwischen die Pfötchen nehmen und mit den Nagezähnen aufbeißen.

L: Ja, aber einige meinen, das Eichhörnchen öffnet die Nuß mit den Krallen. (3.)

S: Das geht ja gar nicht.

L: Na, versuch uns mal zu überzeugen. (4.)

S: Eichhörnchen nagen ja richtig an den Nüssen; vielleicht nehmen sie ihre Krallen zu Hilfe.

S: So viel Kraft haben doch Eichhörnchen aber auch nicht.

L: Was vermutet ihr denn, wie das ein Eichhörnchen macht? (5.)

S: Das haut die Nuß auf die Erde.

S: Das nimmt die Nuß in die Pfoten, dann an den Mund und fängt an zu knabbern.

S: Es nagt dran, bis die Schale ab ist.

L: Wir wollen uns mal in einem Film genau ansehen, wie das Eichhörnchen das macht.

L: Schaut euch mal genau die Nagezähne an. Mit was für einem Werkzeug könnte man sie vergleichen? (6.)

S: Mit einem Stemmeisen.

L: Ist das schon ganz richtig? (7.)

S: Bei den Nagezähnen ist noch eine Abschrägung.

L: Ja, das kannst du aber noch genauer ausdrücken. (8.)

S: Die Nagezähne sind gebogen, das Stemmeisen ist gerade, sonst würde das Eichhörnchen da gar nicht hinkommen.

L: Und noch etwas: Die Nagezähne treffen hier so aufeinander. (9.)

S: Da werden sie geschärft.

L: Wann schärft das Eichhörnchen nun seine Zähne? (10.)

S: Wenn es harte Sachen nagt.

3 Lösungen (mit Begründungen)

(1.) Problematisieren (Pro)

Mit einem direkten Impuls, hier als Ergänzungsfrage formuliert, lenkt der Lehrer zum nächsten Gesprächspunkt über. Er hat die Vorkenntnisse der Schüler unterschätzt und nicht erwartet, daß die Mehrzahl über die Nahrung der Eichhörnchen Bescheid weiß.

Verhaltensindikator: Eine Wissenslücke bewußt machen

(2.) Problematisieren (Pro)

Indem der Lehrer die Nüsse als Nahrung heraushebt, will er an die Merkmale der Nuß (harte Schale, schlecht festzuhalten) erinnern. Mit einem indirekten Impuls (Behauptung) möchte er auf das Problem "Öffnen der harten Schale" aufmerksam machen.

Verhaltensindikator: Eine kognitive Dissonanz erzeugen

(3.) Problematisieren (Pro)

Die bisherigen Schülerbeiträge kreisen die Problemlösung bereits ein. Richtig ist, daß auch die Krallen eine Funktion haben. Mit den Krallen allein läßt sich die Nuß aber nicht öffnen. Die Schülervermutung wird zur Diskussion gestellt, um den Sachverhalt zu prüfen.

Verhaltensindikator: Einen Beitrag zur Diskussion stellen

(4.) Nachhaken (Na)

Die Feststellung des Schülers ist richtig, sie erklärt aber den Sachverhalt nicht näher. Mit der mehr als Ansporn gemeinten Aufforderung wird der Schüler veranlaßt, genauere Erläuterungen beizutragen.

Verhaltensindikator: Zur Verdeutlichung veranlassen

(5.) Problematisieren (Pro)

Die Schüler werden angeregt, zwischen dem bisher Erarbeiteten einen Zusammenhang herzustellen, der den Vorgang des Nüsseöffnens erklärt. Die Antwort "In die Pfoten nehmen ... daran knabbern" ist richtig. Aber, daß die Eichhörnchen dann in der geknabberten Furche die

Schale mit den Zähnen aufhebeln, können die Schüler noch nicht vermuten. Dieser Vorgang des Aufhebelns wird anschließend im Film gezeigt.

Verhaltensindikator: Eine Wissenslücke bewußt machen, um zur Auseinandersetzung mit einem Problem anzuregen

(6.) Akzentuieren (Ak)

Der Hinweis, daß man die Zähne mit einem Werkzeug vergleichen könne, gibt für die weiteren Überlegungen eine bestimmte Richtung an.

Verhaltensindikator: Dazu anregen, Objekte zu vergleichen

(7.) Problematisieren (Pro)

Durch eine Gegenfrage (durch einen Entscheidungsimpuls, den sich Lehrer eigentlich abgewöhnen sollten, H.T.), bringt der Lehrer seine Zweifel an der Angemessenheit des vorgeschlagenen Werkzeugs zum Ausdruck.

Verhaltensindikator: Eine Gegenfrage stellen

(8.) Nachhaken (Na)

Dem Lehrer ist der Beitrag noch zu ungenau, der Schüler soll seine Beobachtung deutlicher beschreiben.

Verhaltensindikator: Zur Verdeutlichung veranlassen

(9.) Akzentuieren (Ak)

Der Lehrer erwähnt lediglich ein Merkmal an den Zähnen und erwartet, daß die Schüler diesen Hinweis zum Weiterdenken verwenden.

Verhaltensindikator: Hinweis auf einen wichtigen Sachverhalt

(10.) Problematisieren (Pro)

Durch die vorangegangenen Beiträge sind die Schüler hinreichend vorinformiert, um auch diese Wissenslücke durch Nachdenken erschließen zu können.

Verhaltensindikator: Auf einen zu erschließenden Sachverhalt hinweisen

Ü 4 Situation: Hauptschule, 8. Klasse, Physik
Thema: Elektrische Schaltpläne - Das Relais
Schüler und Lehrer erarbeiten einen elektrischen Schaltplan, in dem sich ein Relais als Steuerelement befindet. Der Lehrer hat für alle gut sichtbar einen Stromkreis aufgebaut, der im Verlaufe der Unterrichtsstunde als Schaltplan auf der Tafel abgebildet wird.

L: Sehen wir uns bitte den Versuch an und sagen etwas dazu. (1.)

S: Dies ist eine Relaisschaltung und die hat verschiedene Möglichkeiten, geschaltet zu werden, z.B. bei dieser hier, das ist so eine Art Hausflur, wo eine Lampe mit mehreren Schaltern angeknipst wird.

L: Gut, kannst du das mal zeigen, damit es alle genau sehen können, wie Du es meinst? (2.)

S: Das kann eine Hausflurschaltung sein. Hier sind die Schalter, die Schalter sind einzeln, also unabhängig von der Lampe geschaltet.

S: Und wenn ich hier einschalte, kann ich oben wieder ausschalten, wie im Hausflur.

S: Die Lampe ist an das Relais angeschlossen und der Strom vom Schalter fließt auch durch das Relais.

L: Gut, schön. Noch etwas dazu bitte. (3.)

S: Das sind zwei verschiedene Stromkreise.

L: Das kannst du gleich zeigen. (4.)
Und in der Zwischenzeit möchte ich gerne einen Schaltplan auf dieser Tafel da vorn entwickelt haben. Peter, würdest Du das eben übernehmen.

S: Dies hier mit den Schaltern ist erstmal der Steuerstromkreis.

L: Den bitte deutlich zeigen.

S: Der fängt beim Relais an und hört dann am Trafo auf. Und dies hier vom Trafo aus ist der Arbeitsstromkreis.

L: Ja, schönen Dank. Jetzt noch etwas zu den Spannungen. (5.)

S: Der Arbeitsstromkreis hat 220 Volt und der Steuerstromkreis nur 8 Volt.

L: Gut, kannst Du zeigen, woher die 220 Volt entnommen werden, bitte, Margrit.

S: Die 220 Volt aus der Steckdose und die 8 Volt aus dem Trafo.

L: Gut bis jetzt. Was ist nun wesentlich bei dieser ganzen Anlage? (6.)

S: Daß das eine Parallelschaltung ist.

S: Und die sind durch das Relais verbunden.

L: Gut! Wir wollen uns nochmal ganz deutlich machen, daß das Relais keine Möglichkeit bietet, den Strom aus dem einen Stromkreis in den anderen hineinfließen zu lassen.

Peter ist inzwischen soweit fertig, ... nein, noch nicht ganz. Aber das merkt ihr auch selbst. (7.)

S: Die eine Verbindung fehlt noch.

L: Bitte kannst Du das eben zeigen. (8.)

S: (geht an die Tafel): Hier diese Verbindung zum Relais fehlt noch.

L: Ja, gut. Nun weiter. (9.)

S: Vom Relais muß noch was zum Trafo.

S: Ja, stimmt.

L: (nachdem ein Schüler die fehlende Verbindung eingesetzt hat): Danke Peter! So, ist die Schaltung jetzt vollkommen richtig? (10.)

S: Die Kabel im Arbeitsstromkreis müssen noch umgeändert werden.

L: Ja, im Arbeitsstromkreis steckt noch ein Fehler. Zeig es gleich genau an der Tafel, dann wissen alle Bescheid. (11.)

L 4 Lösungen (mit Begründungen)

(1.) Akzentuieren (Ak)

Die Schüler sollen angeregt werden, sich den Versuchsaufbau genauer anzusehen. Es geht darum, den hier konkretisierten Schaltplan zu erkennen.

Verhaltensindikator: Hinweis auf angemessene Auffassungs- bzw. Denktätigkeit

(2.) Nachhaken (Na)

Anhand des Versuchsaufbaus soll das Gemeinte konkretisiert werden.

Verhaltensindikator: Zur Verdeutlichung eines Beitrages veranlassen

(3.) Akzentuieren (Ak)

Die Schüler arbeiten gut mit. Der Lehrer regt dazu an, die gerade gezeigte Denktätigkeit fortzusetzen.

Verhaltensindikator: Aufforderung zum Weitermachen

(4.) Nachhaken (Na)

wie bei (2.)

(5.) Akzentuieren (Ak)

Die Schüler sollen sich mit einem weiteren Aspekt des Schaltplans auseinandersetzen. Der Sachverhalt, über den die Schüler etwas sagen sollen, wird direkt benannt.

Verhaltensindikator: Hinweis auf eine wichtige Information

(6.) Problematisieren (Pro)

Der Lehrer möchte sicherstellen, daß den Schülern deutlich wird, wie eine Parallelschaltung aussieht, wie sie funktioniert und welche Funktion das Relais dabei hat.

Verhaltensindikator: Eine Wissenslücke bewußt machen

(7.) Problematisieren (Pro)

Der Lehrer regt dazu an, die fehlende Verbindung im Schaltplan selbst zu finden.

Verhaltensindikator: Eine Wissenslücke bewußt machen

(8.) Akzentuieren (Ak)

Der Lehrer möchte erreichen, daß allen Schülern deutlich wird, wo die Verbindung fehlt.

Verhaltensindikator: Gewichten von Schülerbeiträgen

(9.) Akzentuieren (Ak)

wie bei (3.)

Verhaltensindikator: Aufforderung zum Weitermachen

(10.) Problematisieren (Pro)

Ein Detail am Schaltplan ist noch nicht in Ordnung. Bei der abschließenden Prüfung soll der Fehler entdeckt werden.

Verhaltensindikator: Eine Wissenslücke bewußt machen

(11.) Nachhaken (Na)

wie bei (2.) und (4.)

Verhaltensindikator: Zur Verdeutlichung eines Beitrages veranlassen

Ü 5 Situation: Hauptschule, 7. Klasse, Deutsch

Thema: Der alte Großvater und der Enkel, ein Märchen der Gebrüder Grimm

Text: Es war einmal ein steinalter Mann, dem waren die Augen trüb geworden, die Ohren taub, und die Knie zitterten ihm. Wenn er nun bei Tische saß und den Löffel kaum halten konnte, schüttete er Suppe auf das Tischtuch, und es floß ihm auch etwas wieder aus dem Munde.

Sein Sohn und dessen Frau ekelten sich davor; deshalb mußte sich der Großvater endlich hinter den Ofen in die Ecke setzen, und sie gaben ihm sein Essen in ein irdenes Schüsselchen und noch dazu nicht einmal satt; da sah er betrübt nach dem Tische, und die Augen wurden ihm naß. Einmal auch konnten seine zittrigen Hände das Schüsselchen nicht festhalten, es fiel zur Erde und zerbrach. Die junge Frau schalt, er sagte aber nichts und seufzte nur. Da kaufte sie ihm ein hölzernes Schüsselchen für ein paar Heller, daraus mußte er nun essen.

Wie sie so sitzen, trägt der kleine Enkel von vier Jahren auf der Erde kleine Brettlein zusammen. "Was machst du da?" fragte der Vater. "Ich mache ein Tröglein", antwortete das Kind, "daraus sollen Vater und Mutter essen, wenn ich groß bin."

Da sahen sich Mann und Frau eine Weile an, fingen endlich an zu weinen, holten alsofort den alten Großvater an den Tisch und ließen ihn von nun an immer mitessen, sagten auch nichts, wenn er ein wenig verschüttete.

In einem texterschließenden Unterrichtsgespräch werden die Schüler zum Nachdenken bzw. zur Meinungsbildung über das Verhalten von jüngeren gegenüber älteren, gebrechlichen Menschen angeregt.

S: Ich finde es schlimm, daß die Eltern von ihrem kleinen Sohn darauf aufmerksam gemacht wurden, daß sie ja auch einmal alt werden und daß sie so nicht mit dem alten Mann umgehen dürfen.

S: Ich finde, ein Märchen kann man dies nicht nennen.

L: Kannst du das auch mit anderen Worten sagen, um klarer zu machen, was du meinst? (1.)

S: Weil sowas auch im täglichen Leben vorkommen kann.

L: Ja, gut. Weiter. (2.)

S: Das Märchen soll zeigen, daß jeder alt wird und wie das ist, wenn man dann in der Ecke sitzen muß und essen.

S: Die haben dem alten Mann Unrecht getan.

L: Wie meinst du das? (3.)

S: Er konnte schließlich das Schüsselchen nicht richtig halten; denn er zitterte ja.

S: Er hat das ja nicht mit Absicht getan.

S: Die waren ungerecht, weil sie ihn wegschickten in eine andere Stube.

L: Stimmt das so? (4.)

S: Er mußte hinter dem Ofen sitzen.

L: Ist das eigentlich ein Märchen, beruht das nicht auf Wahrheit? (5.)

S: Ich glaub' schon, daß es im Leben so etwas gibt. Die Gebrüder Grimm haben das bestimmt aus dem Leben gegriffen; so etwas kommt ja im Leben vor.

L: Ja, gut. Denkt mal an den alten Mann. (6.)

S: Der alte Mann war lästig. Die jüngeren Leute haben sich gedacht, der Opa, der ist lästig, der macht Unordnung, er kann sich nicht selbst helfen. Und da wollten sie ihn vielleicht nicht wegtun, und da haben sie ihn in die Ecke gestellt.

L: Seid ihr damit einverstanden? (7.)

S: Nein, so ganz ist das nicht richtig. Ich glaube, die Leute haben sich vor allem vor ihm geekelt.

S: Die jüngeren Leute haben gar nicht daran gedacht, daß es ihnen doch mal genauso geht.

S: Vielleicht war nur die Schwiegertochter gegen den alten Mann.

L: Sammelt mal weiter. (8.)

S: In einem Märchen steht auch, daß die ihm nichts zum Sattwerden gaben.

S: Vielleicht haben sie auch kein Geld gehabt.

L: Glaubt ihr das wirklich? (9.)

S: Sie wollten für ihn keines ausgeben, sagen wir mal so!

(Quellennachweis: RÖSSNER, 1967, S.83 ff.; für Trainingszwecke veränderter Protokollausschnitt)

L 5 Lösungen

(1.) Na:	Zur Verdeutlichung, Konkretisierung des Beitrages veranlassen
(2.) Ak:	Aufforderung, den Gedankengang weiterzuführen
(3.) Na:	Zur Klärung, Verdeutlichung, Differenzierung des Beitrages veranlassen
(4.) Pro/Na:	(Pro) In-Frage-Stellen, Zweifel äußern (Na) Zur Klärung des Sachverhalts veranlassen
(5.) Pro:	Eine kognitive Dissonanz erzeugen, indem auf einen Widerspruch, etwas Nichtübereinstimmendes hingewiesen wird
(6.) Ak:	Hinweis auf eine wichtige Information, über die weiter nachgedacht werden soll
(7.) Pro:	Zweifel äußern, zum Widerspruch auffordern
(8.) Ak:	Aufforderung zum Weitermachen/-denken
(9.) Pro:	Zweifel äußern, zum Widerspruch auffordern

Ü 6 Situation: Grundschule, 2. Klasse, Deutsch

Thema: Geschichte "Wenn es dunkel wird" (P.S. BUCK)
Gesprächsgegenstand ist "Angst in der Dunkelheit".
Die Geschichte berichtet von Peter, der Angst vor der Dunkelheit hat. Der Vater kann ihn durch seine Erklärung beruhigen.

L: Heute möchte ich euch eine Geschichte vorlesen, die von Peter handelt. Peter ist so alt wie ihr. In dieser Geschichte lernt er etwas bei seinem Vater. Damit es richtig spannend wird, schreibe ich nur die erste Hälfte der Überschrift an die Tafel. Ihr könnt einmal vermuten, wovon die Geschichte handelt.
(Tafelanschrift: Wenn es dunkel wird ...)

S: Das ist zum Aufsatz eine Überschrift!

S: Eine abenteuerliche Geschichte oder sowas.

L: Wer hat noch eine andere Vermutung? (1.)

S: Vielleicht sucht ein Vater sein Kind bei Dunkelheit.

L: Denkt mal daran, wie ihr euch bei Dunkelheit fühlt. (2.)

S: Dann fürchtet sich jeder Mensch.

L: Fürchten sich denn wirklich alle? (3.)

S: Nein!

S: Nein, nur die Kinder, die haben Angst, weil sie immer glauben, da kommt ein Gespenst.

L: Hat jemand von euch überhaupt schon einmal ein Gespenst gesehen? (4.)

S: Gibt's doch gar nicht.

Nach dieser Phase mit freien Schüleräußerungen liest die Lehrerin die Geschichte vor. Anschließend vervollständigt sie die Tafelanschrift: Wenn es dunkel wird, hat Peter Angst.

L: Kann man in der Geschichte überhaupt erkennen, daß Peter Angst hat? (5.)

S: (zitiert) "Vati, bitte dreh das Licht nicht aus, bat er ganz verzagt."

S: (zitiert) "Er lag im Bett, zugedeckt bis ans Kinn." Das ist ein Zeichen, daß er Angst hat. Das mach ich auch manchmal.

L: Es ist noch eine weitere Stelle da. (6.)

S: (zitiert) "Aber Peter, hast du denn Angst vor der Dunkelheit? Ja, wisperte Peter."

L: Seid ihr alle damit einverstanden, daß der Vater dem Jungen sagt, daß er keine Angst zu haben braucht, nur weil die Sonne weggeht? (7.)

S: Ja, er will ihm doch die Angst nehmen.

S: Es stimmt aber nicht, daß die Sonne weggeht.

L: Erkläre das mal genauer. (8.)

S: Die Erde dreht sich ja nur, die Sonne geht ja nicht weg.

L: Denkt noch mal dran. Gerd meinte, er wollte ihm nur die Angst nehmen. (9.)

(Quellennachweis: RITZ-FRÖHLICH, 1977, S.132 ff.; für Trainingszwecke veränderter Protokollausschnitt)

L 6 Lösungen

(1.) Ak: Aufforderung zum Weitermachen, -denken, eine Denktätigkeit fortzusetzen

(2.) Ak: Hinweis auf eine Erfahrung (Gefühlszustand), die den Schülern bekannt sein dürfte, um die Denkaktivitäten in die gewünschte Richtung zu lenken

(3.) Pro: In-Frage-Stellen (Hier als Entscheidungsfrage formuliert, auf die die Schüler eigentlich nur mit "Ja" oder "Nein" antworten zu brauchen.)
Lehrer sollten Entscheidungsfragen vermeiden, wenn sie nicht gleichzeitig ausdrücklich eine Begründung fordern.

(4.) Pro: Zweifel äußern

(5.) Pro: In-Frage-Stellen bzw. Zweifel äußern

(6.) Ak: Hinweis, daß eine wichtige Tatsache nicht oder zu wenig beachtet wurde

(7.) Pro: Zur-Diskussion-Stellen bzw. Zweifel äußern (Entscheidungsfrage ... s.o.)

(8.) Na: Zur Klärung, Verdeutlichung von Beiträgen veranlassen

(9.) Ak: Hinweis darauf, einen vorangehenden Beitrag zu beachten

Ü 7 <u>Situation:</u> Hauptschule, 7. Klasse, Politische Bildung
Meinungsbildendes Unterrichtsgespräch über das Thema: "Würdest du alle Jungen bestrafen?"

Der Lehrer liest eine Geschichte vor, in der drei Jungen unerlaubt Fußball spielen. Bei diesem Spiel geht ihnen der Ball verloren. Da fast alle Jugendlichen des Zeltlagers den Ball suchen, wissen die Lagerleiter nicht, wer die Schuldigen sind.
Im folgenden Unterrichtsverlauf erwartet der Lehrer von den Schülern, daß sie sich in die Situation der Lagerleiter versetzen und eine Entscheidung darüber treffen, ob sie alle Jungen bestrafen würden.

L: Wir haben hier nun an der Tafel die Meinungen fünf verschiedener Lagerleiter. Laßt euch einmal durch deren Argumente überzeugen. (1.)

S: Ich würde mich wie Frau Seidel entscheiden, weil es nicht richtig ist, daß die Unschuldigen mitbestraft werden.

S: Die Lehrer haben doch dauernd gefragt, und keiner hat sich dann gemeldet, da müssen sie doch wütend werden.

L: Du hast recht, aber es muß noch geklärt werden, ob das eine Bestrafung aller Jungen rechtfertigt. (2.)

S: Ich finde, das ist ungerecht!

S: Frau Seidel hatte den besten Vorschlag.

L: Frau Seidel will von einer Bestrafung absehen. (3.)
Es müßte geprüft werden, ob das die beste Lösung ist. (4.)

S: Das ist eine gerechte Lösung.

S: Die wären schön raus bei Frau Seidels Vorschlag.

L: Ja. Überlegt weiter. (5.)

S: Ich finde, die Schuldigen müssen bestraft werden.

L: Jörg ist für eine Bestrafung der Schuldigen. Denkt aber daran, daß die Schuldigen noch nicht gefunden sind. (6.)

L 7 Lösungen (mit Begründungen)

(1.) Problematisieren (Pro)

Verhaltensindikator: Zur-Diskussion-Stellen

Es handelt sich hier um einen geschickt formulierten indirekten Impuls, der die Schüler veranlaßt, sich mit fünf unterschiedlichen Meinungen auseinanderzusetzen. Der Lehrer erwartet, daß die Schüler ihre Position auch begründen. Beim ersten Schülerbeitrag ist das der Fall.

(2.) Problematisieren (Pro)

Verhaltensindikator: Zweifel äußern

Der Schüler ist eine überzeugende Begründung schuldig geblieben. Der Lehrer hat noch Zweifel gegenüber dem Vorgetragenen.

Nachhaken (Na)

Verhaltensindikator: Impuls zur Klärung weiterleiten

(3.) Akzentuieren (Ak)

Verhaltensindikator: Hervorheben eines wichtigen Beitrages

(4.) Nachhaken (Na)

Verhaltensindikator: Rückfrage mit Antworthilfe

Bei diesem Doppelimpuls (3. Ak und 4. Na) hat der hier mit Akzentuieren zu kodierende erste Teil die Funktion, einen wichtigen Gesichtspunkt hervorzuheben, der zur weiteren Prüfung an die Schüler zurückgegeben wird.

(5.) Akzentuieren (Ak)

Verhaltensindikator: Auffordern zum Weitermachen

Der Lehrer ist mit dem Ergebnis noch nicht zufrieden, eine überzeugende Stellungnahme steht noch aus.

(6.) Akzentuieren (Ak)

Verhaltensindikator: Hinweis auf einen zu wenig beachteten, wichtigen Sachverhalt

Die Schüler haben einen wichtigen Sachverhalt bei ihren Überlegungen zu wenig beachtet. Sie werden daran erinnert.

Ü 8 Situation: Grundschule, 4. Klasse, Deutsch
Thema: Fabel "Der Fuchs und der Ziegenbock"
Interpretierendes Unterrichtsgespräch
Das Gespräch geht zunächst um die Eigenschaften und das Verhalten der beiden Akteure. Die Schüler entschlüsseln die Aussage bzw. die Erfahrung, die hinter der vordergründigen Handlung verborgen ist (u.a. "Erst nachdenken, dann handeln").
In der folgenden Sequenz geht es um die Übertragung (Transfer) der Aussage auf den menschlichen Bereich.

L: Ja, gut (Ver). Ihr habt gesagt, die Tiere stehen für Menschen, und du hast gesagt, wir sollen etwas daraus lernen. (1.)

S: Daß man nicht so dumm sein soll. Daß man das nicht so tun soll.

L: Erklärt das bitte genauer. (2.)

S: Man soll nicht alles glauben.

S: Man soll aufpassen.

L: Ich glaube, darunter können sich die anderen noch nichts Rechtes vorstellen. (3.)

S: Wenn der andere etwas mit einem machen kann, wenn er in Gefahr ist oder so.

L: Kennt jemand ein Beispiel für "Gefahr"? (4.)

S: Wenn mich jemand überredet und nicht die Wahrheit sagt.

S: Der ist dann gutgläubig wie der Ziegenbock.

L: Ja, was meint ihr, wer war hier in der Fabel in Gefahr? (5.)

S: Ich meine, der Fuchs. Ohne den Ziegenbock wäre er im Brunnen verhungert.

S: Zuerst der Fuchs und dann eigentlich beide.

L: Und wie hat sich der Ziegenbock verhalten, als er den Fuchs in Gefahr sah?

S: Er hatte Mitleid mit ihm.

S: Er wollte ihn retten.

L: Ja, ja. Wenn man jemandem hilft, das ist doch etwas Gutes. Wie denken die anderen darüber? (6.)

S: Er kann sich doch denken, daß der Fuchs ihn reinlegt.

L: Man könnte bezweifeln, ob man es gleich merkt, wenn jemand einen reinlegen will. (7.)

S: Man soll einem anderen nicht immer helfen, wenn man sich damit selbst in Gefahr bringt, nur manchmal.

L: Ja, das ist sehr gut. Habe ich dich richtig verstanden, daß man erst überlegen soll, bevor man jemandem hilft. (8.)

S: Er hat dem Fuchs ja auch geholfen, weil er ängstlich war und weil er glaubte, der würde ihm auch helfen.

L: Das war eine wichtige Überlegung, die du angestellt hast. (9.)

S: Ich wollte sagen, zum Beispiel die Polizei oder die Feuerwehr, die müssen ja auch Leuten helfen und bringen sich selbst in Gefahr.

L: Das ist ein Beispiel. Aber wieso bringen sie sich selbst in Gefahr? (10.)

S: Ja, weil sie anderen Leuten helfen wollen.

L: Wer möchte das noch mal näher erklären, wieso sie sich selbst in Gefahr bringen? (11.)

S: Erstens, weil es ihr Beruf ist, und zweitens, wollen sie den Menschen helfen.

L: Denkt noch einmal an die Gefahr, die dabei auftritt. (12.)

L 8 Lösungen

(1.) Ak: Gewichten von Schülerbeiträgen, Hinweis auf einen wichtigen Gedanken

(2.) Na: Zur Klärung, Verdeutlichung von Beiträgen veranlassen

(3.) Na: wie bei (2.). In beiden Fällen möchte der Lehrer auch andere Schüler in das Gespräch einbeziehen

(4.) Na: Zur Konkretisierung veranlassen

(5.) Na/Pro: Na: Zur Verdeutlichung veranlassen
Pro: Auf einen ungelösten Sachverhalt hinweisen (Eine Wissenslücke bewußt machen)

(6.) Pro: Zur Diskussion stellen

(7.) Pro: In-Frage-Stellen, Zweifel äußern

(8.) Na: Zur Verdeutlichung veranlassen

(9.) Ak: Gewichten von Schülerbeiträgen

(10.) Na: Zur Verdeutlichung, Differenzierung eines Beitrages veranlassen

(11.) Na: wie bei (10.)

(12.) Ak: Hinweis auf einen wichtigen Gesichtspunkt

Anmerkung:
Die Hälfte der Lehrtätigkeiten besteht hier aus "Nachhaken"! Die Schüler haben offensichtlich Schwierigkeiten, sich vom Inhalt der Fabel zu lösen und die Aussage auf die menschliche Situation zu übertragen. Der Lehrer "bohrt" darum immer wieder "nach". Dadurch nähert sich das Gespräch einem Lehrgespräch mit einem hohen Ausmaß direkter Lenkung. Die Beispiele (Polizei, Feuerwehr), die die Schüler schließlich finden, zeigen, daß die Übertragung nicht gelingt. Die Schüler scheinen überfordert zu sein. Der Lehrer hätte auf die Übertragung verzichten sollen.

Ü 9 Situation: Grundschule, 4. Klasse, Deutsch
Thema: Fabel "Der Löwe und die Maus"
Interpretierendes Unterrichtsgespräch
Nachdem sich die Schüler zunächst spontan zum Inhalt der Fabel geäußert haben, werden in einer ersten Ver-/Erarbeitungsphase die Eigenschaften und das Verhalten der beiden Akteure beschrieben und gegenübergestellt.

L: Vergleicht bitte das Verhalten von Löwe und Maus. (1.)

S: Die Maus verspricht, dem Löwen auch einmal zu helfen.

S: Der Löwe dachte, daß das Mäuschen ihm nicht helfen kann.

L: Kannst du das noch ein bißchen genauer erklären? (2.)

S: Weil die Maus kleiner ist, und er ist viel stärker.

L: Dem Löwen geht etwas durch den Kopf, als er die Maus flehen hört. (3.)

S: Hier steht ja: "Bei sich aber dachte er: Nun, das möchte ich doch sehen, wie sich ein Mäuschen einem Löwen dankbar erweisen könnte."

S: Die Maus ist viel zu schwach, um einem großen Tier helfen zu können.

L: Ja, sehr gut. So, nun wollen wir noch weitermachen, Löwe und Maus zu vergleichen. (4.)

S: Die Maus hatte Angst um ihr Leben.

S: Und dann war die Maus dankbar, weil er sie nicht aufgefressen hat.

S: Der Löwe war großmütig.

L: Ja, prima. (Lehrer schreibt die Eigenschaften an die Tafel). Ich würde gern noch mehr Eigenschaften anschreiben. (5.)

S: Der Löwe war stark.

S: Die Maus ist klein und hilflos.

L: Ja, sehr gut. Stellt euch einmal vor, die kleine Maus fällt auf den großen Löwen und erschreckt ihn im Schlaf. (6.)

S: Der Löwe war ärgerlich. Er hätte die Maus am liebsten bestraft.

S: Und die Maus hat Angst gekriegt.

L: Ja, sie war ängstlich. (Auf) Der Löwe hatte ihr aber das Leben geschenkt. Seht euch mal die Geschichte weiter an. Zuerst fällt die Maus auf ihn herab. Am Schluß sitzt der Löwe in der Falle. (7.)

S: Damit hatte der Löwe niemals gerechnet, daß die Maus ihm auch mal helfen könnte.

S: Einmal rettet der Löwe die Maus, und einmal rettet die Maus den Löwen.

L: Das habt ihr schon prima erkannt. Der Löwe konnte sich zuerst nicht vorstellen, daß eine kleine, schwache Maus einem Löwen überhaupt helfen kann. (8.)

S: Zuerst ist die Maus hilflos, und da meint sie, daß der Löwe nichts davon hätte, wenn er sie umbringt, da schenkt er ihr das Leben. Da hatte der Löwe auch etwas davon, als er im Netz gefangen war, da zernagte die Maus das Netz.

L: Das hast du ganz prima erklärt! Was meinen die anderen dazu? (9.)

S: Ja, ja, man kann nicht vorher wissen, wann es einem nutzt, wenn man jemandem hilft.

L: Könntest du das etwas genauer erklären? Oder möchte es jemand anders versuchen? (10.)

L 9 Lösungen

(1.)	Ak:	Objekte, Aktionen prüfend nebeneinanderstellen, um Unterschiede oder Gemeinsamkeiten feststellen zu lassen
(2.)	Na:	Zur Klärung eines Beitrages veranlassen
(3.)	Ak:	Hinweis auf einen wichtigen Gesichtspunkt
(4.)	Ak:	Aufforderung zum Weitermachen
(5.)	Ak:	wie bei 4. Durch den Vergleich soll der Kontrast zwischen den beiden Akteuren herausgestellt werden. Das ist eine wichtige Voraussetzung dafür, um die Aussage der Fabel zu entschlüsseln.
(6.)	Pro/Ak:	Pro: Auf Merkwürdigkeiten, Gegensätze hinweisen Ak: Hinweis auf angemessene Denkaktivität
(7.)	Pro/Ak:	wie bei (6.) Ak: Dazu anregen, über einen Unterschied nachzudenken
(8.)	Pro:	Auf Merkwürdigkeiten hinweisen
(9.)	Pro:	Zur Diskussion stellen
(10.)	Na:	Zur Klärung, Verdeutlichung eines Beitrages veranlassen

Ü 10 <u>Situation:</u> Grundschule, 1. Klasse, Deutsch
Thema: Märchen "Der Pferdemax" (O. POLEMANN)
Texterschließendes Unterrichtsgespräch
Der Inhalt des Märchens:
Max hat in der Schule häufig andere Kinder getreten. Eines Morgens wacht er mit einem Pferdekopf auf und muß auf allen vieren gehen. Aus der Schule wird er hinausgeworfen, denn die Schule ist kein Pferdestall. Nachdem Max aber einem alten Gaul beim Ziehen eines Wagens geholfen hat, wird er von seiner Verwandlung erlöst. Seither hat er nicht wieder andere Kinder getreten.
Im folgenden Ausschnitt äußern sich die Schüler über die Folgen, die der Pferdekopf für Max hat.
Dem Lehrer geht es zunächst um die inhaltliche Klärung.

S: Der hat sich geschämt.
L: Dafür hat er auch einen Grund gehabt. (1.)
S: Weil er einen Pferdekopf gehabt hat.
S: Und er hat keinen Schwanz gehabt.
L: Deswegen hat er sich geschämt!? (2.)
S: Nein.
S: Weil die anderen ihn ausgelacht haben.
S: Weil er einen Pferdekopf hatte.
S: Weil er immer gewiehert hat.
L: Sagt einmal: Warum habe ich euch die Geschichte denn vorgelesen? (3.)
S: Weil die Kinder nicht ins Schienbein treten sollen.
S: Daß wir auch mal lachen können.
S: Damit wir was lernen.
L: Da hast du recht (Ver). Aber weiter. (4.)
S: Die will uns sagen, daß wir auch nicht treten sollen.
S: Daß wir denken müssen.
S: Daß wir uns nicht mehr kloppen.
L: Macht ihr ja doch. (5.)
S: Nein, wir treten nicht.
S: Ja, ja. Nur die Jungens.
(Stimmengewirr. Entrüstung bei den Jungen.)

L: Sagt einmal, geht denn das überhaupt mit dem Pferdekopf? (6.)

S: Nein, das ist ja nur ein Märchen.

S: Nein.

L: Geht das nicht vielleicht doch!? (7.)

S: Nein, über Nacht kann man keinen Pferdekopf kriegen.

S: Doch, zu Fastnacht.

L: Aha. Sagst du uns mal, wie das geht? (8.)

S: Wenn sich jemand einen Pferdekopf kauft. Dann kann man als Pferd gehen.

S: Aber dann kann man immer noch nicht wiehern.

S: Aber ich kann wiehern.

S: Ich auch.

L: Aber ihr habt ja gar keine Pferdeköpfe. (9.)

S: Der Max hatte aber einen. Der hieß ja auch Pferdemax.

S: Weil er immer ausgetreten hat.

S: Das war ja nur ein Spitzname.

L: Ein Spitzname? (10.)

S: Die haben ihn so genannt.

S: Weil er getreten hat.

L: Und was geschah denn nun mit dem Max? (11.)

S: Er hat auf der Straße gestanden mit seinem Pferdekopf.

S: Die Leute wollten ihn nicht mehr.

L: Wie kommst du darauf? (12.)

(Quellennachweis: RÖSSNER, 1967; für Trainingszwecke veränderter Protokollausschnitt)

10 Lösungen

(1.)	Pro:	Eine Wissenslücke bewußt machen, auf einen zu erschließenden Sachverhalt hinweisen
(2.)	Pro:	In-Frage-Stellen, Zweifel äußern
(3.)	Pro:	wie bei (1.)
(4.)	Ak:	Aufforderung zum Weitermachen
(5.)	Pro:	Auf einen Widerspruch hinweisen
(6.)	Pro:	Zweifel äußern
(7.)	Pro:	In-Frage-Stellen, widersprechen
(8.)	Na:	Zur Klärung eines Beitrages veranlassen
(9.)	Pro:	Auf einen Widerspruch hinweisen
(10.)	Pro/Na:	Pro: Zweifel äußern Na: Zur Klärung eines Beitrages veranlassen
(11.)	Pro:	Auf einen erschließbaren Sachverhalt hinweisen
(12.)	Na:	Zu weiteren Überlegungen, zur besser durchdachten Antwort anregen

Anmerkung:
Die Anregungsmittel des Lehrers bestehen hier fast ausschließlich aus Impulsen zum Problematisieren.
Das erscheint angemessen, denn er erreicht damit lebendige Mitarbeit und rege Anteilnahme.

Ü 11 Situation: Orientierungsstufe, 5. Klasse, Deutsch
Thema: Fabel "Der Wolf und der Kranich"
Interpretierendes Unterrichtsgespräch
Inhalt der Fabel: Ein Wolf verschlingt seine Mahlzeit. Dabei bleibt ihm ein Knochen im Hals stekken. Der Wolf verspricht daraufhin demjenigen, der ihn befreit, einen großen Lohn. Ein Kranich befreit ihn und fordert seinen Lohn. Der Wolf meint aber, daß es genug Lohn sei, daß er den Kranich, der tief in seinem Rachen steckte, am Leben ließ.
Die Schüler setzen sich mit der Täuschung durch den Wolf auseinander. Weiterhin beschäftigt die Schüler, was aus der Fabel gelernt werden kann (Transfer).

S: Im Sinne des Wortes hat doch der Wolf eigentlich dem Kranich einen großen Lohn gegeben, da er ihn am Leben gelassen hat. Das war schon ein großer Lohn. Er konnte ihn ja auch in den Hals beißen, dann wäre er auch gestorben, und jetzt ist er nicht gestorben, und das war ein großer Lohn.

S: Ach was, der hat doch den Knochen, das Bein im Hals gehabt, dann hätte er ja wieder gelitten, wenn er den Kranich aufgefressen hätte.

S: Nein, der hätte ihn ja nur in den Hals gebissen.

L: Und was wäre mit dem Knochen? (1.)

S: Ja, der Knochen wäre dann immer noch im Hals.

S: Wie kann er ihm denn den Hals abbeißen, wenn der Knochen noch drinsteckt? Er konnte ja den Schlund gar nicht zumachen.

S: Ja, das stimmt.

L: Wollte denn der Wolf überhaupt zubeißen? (2.)

S: Der hat sich das nur so ausgedacht. Der wollte den ja gar nicht beißen. Der hat sich das als List ausgedacht.

L: Das müßten wir jetzt erst einmal genauer klären. (3.)

S: Er wollte ja nur, daß der Knochen rauskommt. Er hätte nicht zubeißen können.

L: Was ist dann aber die List? (4.)

S: Daß er hinterher sagt, daß er den Kranich hätte totbeißen können, obwohl er es wegen dem Knochen nicht machen konnte.

L: Kommen wir einmal auf die erste wichtige Streitfrage zurück, daß der Kranich keinen Lohn bekommen hat. Denkt hier weiter. (5.)

S: Jedenfalls hat der Wolf ungerecht gehandelt.

L: Meinst du? (6.)

S: Ja, natürlich!

L: Erkläre uns das bitte! (7.)

S: Der Kranich hätte ja auch den Knochen nicht herausholen brauchen.

S: Eigentlich war ja der Kranich ein bißchen dumm. Der hätte ja erst den Wolf fragen müssen, was der ihm gibt. Dann hätte er erst den Knochen rausholen dürfen. So wußte er ja nicht, ob er nachher was kriegt.

L: Was meint ihr zu Gerds Äußerung? (8.)

S: Das wär ja nicht gegangen. Der Wolf konnte doch nicht sprechen.

S: Aber nicht mit dem Knochen im Hals.

S: In einer Fabel sprechen die Tiere aber.

L: Denkt an unseren Ausgangspunkt, die Belohnung. (9.)

S: Die Belohnung war ja, daß der Wolf den Kranich am Leben gelassen hat. Das ist doch großer Lohn. Zum Beispiel: Du bist gefangen. Da kommt jemand, so ein Räuber oder irgendjemand, der will dich erstechen. Da kommt auf einmal so ein anderer und errettet dich vom Tode. Das ist doch eine große Belohnung, oder?

L: Das gehört, glaube ich, nicht ganz zum Thema. (10.)

S: Nee, nee. Das ist ja ganz anders als in der Fabel.

L: Kann man nicht mehr zu der Fabel sagen? (11.)

S: Vielleicht gibt es eine Lehre aus dieser Fabel.

L: Setzt diesen Gedanken fort. (12.)

S: Man soll nicht auf sowas eingehen.

S: Die Lehre der Fabel, man soll nicht gleich auf jeden Vorschlag eingehen, bedeutet, man soll erst überlegen.

L: Was denken die anderen darüber? (13.)

S: Ja, wenn man einen Vertrag kriegt, zum Beispiel, dann muß man sich den erst durchlesen und nicht gleich unterschreiben.

S: Also, erst denkt man ja mal an die Rettung, wenn jemand in Gefahr ist und nicht an den Lohn.

S: Der Arzt sagt ja auch nicht, erst das Geld und dann die Behandlung.

L: Das sollten wir noch einmal genauer bedenken. (14.)

S: Ich habe ja schon mal gesagt, daß der Kranich dumm war.

S: Wenn ein kleines Kind in Gefahr ist, fragt man auch nicht erst.

S: Beim kleinen Kind ist das was anderes.

L: Gebt ihr euch damit zufrieden? (15.)

L 11 Lösungen

(1.)	Pro:	Eine Wissenslücke bewußt machen, auf eine Ungereimtheit hinweisen
(2.)	Pro:	Zweifel äußern
(3.)	Na:	Zur Klärung, Verdeutlichung eines Beitrages veranlassen
(4.)	Pro:	Eine Wissenslücke bewußt machen
(5.)	Ak:	Aufforderung zum Weiterdenken
(6.)	Pro:	In-Frage-Stellen, Zweifel äußern
(7.)	Na:	Zur Klärung, Verdeutlichung veranlassen
(8.)	Pro:	Zur Diskussion stellen
(9.)	Ak:	Auf einen wichtigen Sachverhalt hinweisen
(10.)	Ak:	Auf einen unangemessenen Beitrag hinweisen
(11.)	Ak:	Aufforderung zum Weitermachen
(12.)	Ak:	wie bei (11.)
(13.)	Pro:	Zur Diskussion stellen
(14.)	Ak:	Zur Fortsetzung eines angemessenen Gedankenganges auffordern
(15.)	Pro:	In-Frage-Stellen, zum Widerspruch auffordern

12 Situation: Grundschule, 4. Klasse, Deutsch
Thema: Fabel "Der Rabe mit dem Käse und der Fuchs"
Interpretierendes Unterrichtsgespräch
Lehrer und Schüler denken darüber nach, daß Schmeichelei oft mit einem Zweck verbunden ist und daß Eitelkeit selbstgefällig macht.

S: Der Fuchs will sich beim Raben einschmeicheln.

L: Da könnt ihr sicherlich noch mehr zu sagen. (1.)

S: Naja, er sagt ihm, daß er schöne Federn hat, wie ein Adler.

S: ... und 'ne schöne Stimme.

L: Was es mit der Stimme auf sich hat, müssen wir jetzt erst einmal klären. (2.)

S: Der Fuchs sagt ja, daß der Rabe keine schöne Stimme hat.

S: Er sagt doch: Hättest du nur eine Stimme, die deiner Schönheit gleicht. Aber deine Stimme ist zu grob.

S: Der kann ja nur krächzen.

L: Ja, das stimmt. Wenn ihr aber an die Wirklichkeit denkt, müßte euch allerdings noch etwas auffallen. (3.)

S: Der Rabe sieht ganz schwarz aus.

L: Ja, richtig! Sagt auch noch etwas zu den schönen Federn. (4.)

S: Er sieht gar nicht so schön aus, wie der Fuchs das sagt.

L: Dann verstehe ich aber nicht, warum der Fuchs ihm sagt, er hätte schöne Federn! (5.)

S: Ist doch klar, der will ihn überlisten.

L: Dazu müßten jetzt andere auch noch etwas sagen. (6.)

S: Er schmeichelt da ganz schön, und damit will er den Raben reinlegen.

S: Der Rabe soll doch nur glauben, daß er schön aussieht.

L: Ja, prima. Denkt nochmal an vorhin, als wir sagten, der Fuchs wollte unbedingt den Käse haben, den der Rabe im Schnabel hat. (7.)

S: Der Fuchs sagt ja noch, daß der Rabe 'ne blöde Stimme hat.

S: Das stimmt ja auch!

S: Der ist aber trotzdem drauf reingefallen.

L: Ja, ihr seid auf dem richtigen Weg. Ralf hat ja eben schon gesagt: Schließlich ist der Rabe doch auf den Fuchs 'reingefallen. (8.)

S: Ich glaube, der wollte ihm zeigen, daß er schön singen kann.

S: Und dabei ist dann der Käse rausgefallen!

L: Wir müssen noch darüber nachdenken, ob denn der Rabe wußte, was er für eine schreckliche Stimme hat. (9.)

S: Der Fuchs hat ihm gut zugeredet.

S: Der kann doch überhaupt nicht schön singen.

L: Er hat es aber versucht! (10.)

S: Er wollte dem Fuchs zeigen, daß er nicht recht hat.

L: Jetzt haben wir gleich eine Erklärung gefunden. (11.)

S: Er fand sich so toll, daß er vergessen hat, wie es in Wirklichkeit ist.

S: Wenn jemand etwas Nettes über mich sagt, dann glaube ich es auch.

S: Dann mußt du aber aufpassen. Vielleicht will er nur etwas von dir haben.

L: Das habt ihr aber gut herausgefunden. Es hat richtig Spaß gemacht, mit euch zusammen nachzudenken.

12 Lösungen

(1.)	Ak:	Aufforderung zum Weitermachen, zur Fortsetzung einer angemessenen Denktätigkeit veranlassen
(2.)	Na:	Zur Klärung, Verdeutlichung veranlassen
(3.)	Pro:	Auf eine Ungereimtheit aufmerksam machen
(4.)	Ak:	Hinweis auf einen wichtigen Gesichtspunkt
(5.)	Pro:	In-Frage-Stellen, Zweifel äußern
(6.)	Pro:	Zur Diskussion stellen
(7.)	Ak:	Hinweis auf einen wichtigen Sachverhalt
(8.)	Pro:	Auf etwas Merkwürdiges, Ungereimtes hinweisen
(9.)	Pro:	Zweifel äußern
(10.)	Pro:	Gegenbehauptung aufstellen
(11.)	Ak:	Zur Fortsetzung einer angemessenen Denktätigkeit auffordern

5. ZWEITE TRAININGSPHASE: ENTSCHEIDUNGSTRAINING

5.1 ENTSCHEIDUNGSTRAINING I

Arbeitsanweisung:
In den folgenden vier Übungen finden Sie Ausschnitte aus zwei Unterrichtsgesprächen. Eine kurze Situationsschilderung informiert Sie über Schulart, Klasse, Fach, Thema und Gesprächsgegenstand. Die Protokollausschnitte sind an bestimmten Stellen, an denen ein Lehrerimpuls folgen müßte, unterbrochen. Stattdessen erhalten Sie einen Hinweis über das Handlungsziel des Lehrers. Bitte versetzen Sie sich in die Situation des Lehrers und entscheiden Sie sich für eine Lehrtätigkeit der Explorationsgruppe (Pro/Na/Ak), die Sie wählen würden, um zur Fortsetzung des Unterrichtsgesprächs bzw. des Gedankengangs anzuregen.

Kreuzen Sie die Ihrer Meinung nach angemessenen Lehrtätigkeiten unter dem Protokollausschnitt an. Sollten Sie bei einem Beispiel zwei verschiedene Lehrtätigkeiten für angemessen halten, vermerken Sie es entsprechend. Vergleichen Sie dann Ihre Entscheidungen mit den Lösungsvorschlägen im Anschluß an jede Übung. Die Lösungsvorschläge werden begründet. Weiterhin werden zu jeder Lehrtätigkeit wörtliche Beispiele für mögliche Formulierungen (Impulse) vorgeschlagen.

<u>Situation:</u> Grundschule, 4. Klasse, Sachunterricht

Thema: Ausdehnung von Gasen bei Erwärmung

Der Lehrer führt folgenden Versuch vor: Eine leere Flasche wird durch ein angefeuchtetes 10-Pfennigstück verschlossen. Der Lehrer bittet um Aufmerksamkeit und Ruhe. Er umfaßt die Flasche mit beiden Händen. Durch die Handwärme wird die Luft in der Flasche erwärmt und dehnt sich aus, so daß sich der Groschen mehrere Male kurzzeitig auf dem Flaschenhals anhebt und mit einem leisen Klappen zurückfällt.

(Begeisterte Ausrufe, zahlreiche Meldungen, spontane Äußerungen)

Sabine:	Der Groschen hat sich bewegt!
Rolf:	Ich habe es Klappen gehört.
Beate:	Sie haben an der Flasche gerüttelt, deshalb hat er sich bewegt.
Lehrer:	Es war aber deutlich zu sehen, daß ich nicht gerüttelt habe.
Jörg:	Sie haben die Flasche zusammengedrückt und dadurch ist der Groschen hochgesprungen.
Lehrer:	...

/Ü 1 <u>Handlungsziel:</u>

Die Schüler können die letzte Vermutung leicht auf Richtigkeit überprüfen. Der Lehrer möchte erreichen, daß sich die Schüler mit dem Lösungsvorschlag auseinandersetzen bzw. ihn bezweifeln.

<u>Wahl der angemessenen Lehrtätigkeit(en):</u>

Pro Na Ak

Lösungsvorschlag I / Ü 1

Problematisieren

Beispiele für mögliche Formulierungen:

Pro: (1.) Jörg traut mir aber Riesenkräfte zu! (Didaktische Provokation)

(2.) Ich bin gespannt, ob Jörg Unterstützung für seine Erklärung findet. (Schülerbeiträge zur Diskussion stellen)

(3.) Ich vermute, daß Jörg gar nicht beachtet hat, aus welchem Material die Flasche beschaffen ist. (Auf eine Ungenauigkeit hinweisen)

Begründung:

(Pro) Der Lehrer regt dazu an, Jörgs Vermutung zu bezweifeln (1.) oder sich damit auseinanderzusetzen (2.). Er stellt sie durch einen geschickten indirekten Impuls zur Diskussion. Bei der dritten Formulierung (3.) ist die Denkhilfe direkter: Er erwähnt das Material der Flasche, damit es den Schülern leichter fällt, die Unrichtigkeit der Vermutung zu erkennen.

Weniger angemessen scheinen Ak oder Na zu sein:

Mit der Lehrtätigkeit Akzentuieren ist die Intention des Lehrers nicht angemessen zu verwirklichen. Durch Akzentuieren bringt der Lehrer zum Ausdruck, daß bestimmte Gesprächsbeiträge oder Informationen für die Weiterentwicklung eines Gedankenganges in Richtung der Problemlösung von Bedeutung sind. Da in diesem Beispiel der vorangegangene Schülerbeitrag in Zweifel gezogen werden soll, erscheint Problematisieren angemessener zu sein.

Durch Nachhaken soll in der Regel eine oberflächliche, unklare, unpräzise, jedoch im Kern richtige Antwort geklärt, verdeutlicht oder konkretisiert werden. Das ist bei Jörgs Vermutung nicht nötig, denn sie ist faktisch falsch.

Situation: Fortsetzung der vorangegangenen Interaktionssequenz

Carola: Nein, das geht nicht. Man kann doch eine Glasflasche nicht zusammendrücken.

Lehrer: Fällt euch eine andere Lösung ein, mit der wir vielleicht weiterkommen?

Sylvie: Sie haben die Flasche ja warmgemacht!

Lehrer: ...

Ü 2 Handlungsziel:

Der Lehrer will erreichen, daß diesem Gedanken weiter nachgegangen wird.
Die Schüler sollen erkennen, daß nicht nur das Glas der Flasche, sondern auch die Luft in der Flasche erwärmt wird.

Wahl der angemessenen Lehrtätigkeit(en):

Pro Na Ak

Lösungsvorschlag I / Ü 2

Akzentuieren

Nachhaken

Beispiele für mögliche Formulierungen:

Ak: (1.) Diese Überlegung könnte uns ein Stück weiterhelfen (Gewichten von Schülerbeiträgen - Hinweis auf einen wichtigen G e d a n k e n).

(2.) Das war eine wichtige Feststellung (wie (1.)).

(3.) Es könnte sein, daß auch jemand an den Inhalt der Flasche gedacht hat (Hinweis auf wichtige, bisher nicht beachtete Information).

Na: (1.) Meiner Meinung nach hat Sylvie noch nicht ganz zu Ende gedacht (Zur Klärung, Ausweitung eines Beitrages veranlassen).

(2.) Wir müßten noch untersuchen, was Sylvie mit "Flasche warmgemacht" gemeint haben könnte (Zur Konkretisierung veranlassen).

Begründung:

(Ak) Der Lehrer hebt den richtigen Lösungsansatz von Sylvie hervor. (1. u. 2.) Damit wird für die Schüler ersichtlich, daß dieser Beitrag für die Weiterentwicklung des Gesprächs von Bedeutung ist. Gleichzeitig werden die Schüler aufgefordert, diese Denkrichtung beizubehalten.

Die Erinnerung an den Inhalt der Flasche (3.) lenkt die Aufmerksamkeit auf ein wichtiges Fakt, das bei der Problemlösung beachtet werden muß.

(Na) Die erwärmte Luft in der Flasche ist das zu beachtende Fakt für die Problemlösung (Wie Ak (3.)). Es könnte sein, daß Sylvie das auch tatsächlich gemeint hat, es aber nur nicht deutlich genug ausgedrückt hat.

Situation: Fortsetzung der vorangegangenen Interaktionssequenz

Elke: Die Wärme aus der Hand geht ja leicht durch das Glas in die Flasche 'rein.

Jens: Aber so warm ist die Hand doch auch nicht, daß sie so viel Wärme abgeben kann.

Ulrich: Die Luft in der Flasche ist aber bestimmt kälter als die Hand, dann kann die Hand bestimmt noch Wärme abgeben.

Lehrer: ...

/Ü 3 Handlungsziel:

Die Möglichkeit, daß die Handwärme ausreicht, die höchstens zimmerwarme Luft in der Flasche aufzuwärmen, soll von den Schülern genauer überlegt, bzw. begründet werden.

Wahl der angemessenen Lehrtätigkeit(en):

Pro Na Ak

Lösungsvorschlag I / Ü 3

Akzentuieren

Beispiele für mögliche Formulierungen:

Ak: (1.) Das können wir ja einmal ganz genau untersuchen. (Hinweis auf angemessene Auffassungs- bzw. Denkaktivitäten.)

(2.) Über die Körpertemperatur in einer Hand habt ihr bestimmt ziemlich genaue Kenntnisse. (Hinweis auf wichtige Informationen und angemessene Denkaktivitäten.)

(3.) Ein Vergleich zwischen Körpertemperatur und Zimmertemperatur hilft hier weiter. (Dazu anregen, Fakten prüfend nebeneinanderzuhalten, um Unterschiede oder Gemeinsamkeiten festzustellen.)

Begründung:

Das Ergebnis des Nachdenkens sollte die Einsicht sein, daß bei einem Wärmeunterschied von etwa 15 Grad ein Aufwärmen der Luft in der Flasche möglich ist. Mehr (3.) oder weniger (1. u. 2.) direkt werden die Schüler zu dieser Überlegung angeregt, z.B. zwei Fakten zu vergleichen, um die Möglichkeit des Aufwärmens zu folgern.

ET I / Ü 4

<u>Situation:</u> Hauptschule, 8. Klasse, Biologie

Den Schülern werden Röntgenfilmaufnahmen von verschiedenen Gelenken des menschlichen Körpers (u.a. Scharniergelenke: Ellenbogen - Knie- und Fuß-(Sprung-)gelenk, Fingermittel- und Fingerendgelenke) gezeigt, mit dem Ziel, Art, Aufbau und Funktionsweise der Gelenke kennenzulernen. Zunächst geht es darum, das auf den Filmaufnahmen Gesehene bei Scharniergelenken in Einzel- und Feinheiten zu beschreiben bzw. zu sichern.

Lehrer: Versucht bitte, das Ellenbogengelenk, das wir zuletzt gesehen haben, zu beschreiben.

Gerd: Es geht so auseinander (Gerd zeigt es mit beiden Händen).

Petra: Ein Teil beim Gelenk sieht aus wie ein geöffneter Halbkreis.

Maria: Das Gelenk wird von Muskeln und Knorpeln zusammengehalten.

Elke: Es ist so geformt wie ein Schraubenschlüssel.

Lehrer: ...

/Ü 4 <u>Handlungsziel:</u>

Die Schüler sollen Petras Beschreibung ("geöffneter Halbkreis") als angemessener erkennen, weil dadurch die Bewegungsrichtung - auf- und abwärts - besser erklärt wird.

<u>Wahl der angemessenen Lehrtätigkeit(en):</u>

Pro Na Ak

Lösungsvorschlag I / Ü 4

Akzentuieren

Beispiele für mögliche Formulierungen:

Ak: (1.) Petra hat einen interessanten Vergleich gewählt (Hinweis auf wichtigen Beitrag bzw. Gedanken).

(2.) Über Petras Vergleich solltet ihr einmal nachdenken (Hinweis auf wichtigen Beitrag bzw. Gedanken).

(3.) Bewegt bitte euren Ellenbogen und denkt an Petras "geöffneten Halbkreis" (Dazu anregen, Fakten bzw. Aktionen prüfend nebeneinanderzuhalten, um Unterschiede oder Gemeinsamkeiten festzustellen).

(4.) Petras Vergleich trifft am meisten zu (Hinweis auf wichtigen Beitrag).

Begründung:

(Ak) Durch den Hinweis auf Petras Beitrag erkennen die Schüler, daß die Beschreibung "geöffneter Halbkreis" zutreffend ist.

Petra meint die Form der Gelenkpfanne, die deutlich die Bewegungsrichtung auf- und abwärts erkennen läßt. Das Merkmal "halbkreisförmig" ist gut gewählt, da es für die Erklärung der Bewegungsrichtung wichtig ist.

5.2 ENTSCHEIDUNGSTRAINING II

Arbeitsanweisung:
Setzen Sie bitte das Entscheidungstraining in der bereits bekannten Form fort. Entscheiden Sie sich bei den unterbrochenen Interaktionssequenzen wieder für eine angemessene Lehrtätigkeit (Pro/Na/Ak), mit der Sie zur Fortsetzung des Unterrichtsgesprächs bzw. Gedankengangs anregen würden. Formulieren Sie dann selbst wörtliche Beispiele für die von Ihnen gewählten Lehrtätigkeiten. Schreiben Sie beides in den dafür freigelassenen Raum. Vergleichen Sie Ihre Ergebnisse mit den (begründeten) Lösungsvorschlägen, die Sie wieder im Anschluß an jede Übung finden.

Übung ET II gibt das Protokoll einer ganzen Unterrichtsstunde wieder. Sie erhalten für die Durchführung der Übungen die nötigen Hinweise, damit Sie sich in die Unterrichtssituation hineinversetzen bzw. hineindenken können.
Es hat sich als günstig erwiesen, daß Entscheidungstraining II in einem Durchgang zu bearbeiten, weil sich dann der Unterrichtsverlauf besser im Zusammenhang verfolgen läßt.

Situation: Hauptschule, 7. Klasse, Chemie
Thema: Die Kerzenflamme: Nachweis von "Stearingas" in der Flamme

Lehrinhalt: Durch Verdampfen des Kerzenmaterials (Wachs, Stearin, Paraffin, Fett) entstehen um den Docht herum - in der dunklen relativ kalten Zone der Kerzenflamme (Kern) - brennbare Gase. Diese verbrennen überwiegend in der mittleren hellen Zone der Flamme (Leuchtzone) sowie in der nur schwach leuchtenden äußeren Zone (Saum). An diese mittlere und äußere Zone der Kerzenflamme kann der zur Verbrennung der Gase notwendige Sauerstoff leicht hinzutreten. Die dunkle Zone enthält noch unverbranntes Gas. Löscht man eine Kerzenflamme, so befindet sich noch für kurze Zeit brennbares (jedoch unverbranntes) Gas um den Docht herum. Das noch vorhandene Gas läßt sich sofort nach Verlöschen der Kerzenflamme durch die Funken eines Gasanzünders wieder entzünden.

Lehrziel: Die Schüler sollen anhand einer Versuchsabfolge erkennen, daß bei der Kerzenflamme nicht das Kerzenmaterial, sondern ein Gas brennt, das durch Verdampfen des Kerzenmaterials entsteht. Eine abgeleitete Tochterflamme soll als Beweis für diese Erkenntnis dienen.

Methodischer Verlauf:

Die Erarbeitung im gelenkten Unterrichtsgespräch wird durch die Abfolge von acht Versuchen strukturiert. Durch die Versuche wird den Schülern die empirische Überprüfung ihrer Vermutungen ermöglicht. Dabei verfolgt der Lehrer das Prinzip, so wenig wie möglich (vor-)zugeben und lediglich anzuregen (Prinzip der minimalen Hilfe).

(Ausgangs-)Situation:

Der Lehrer versucht erfolglos, eine Kerze mit einem Gasanzünder zu entflammen. Mit einem Streichholz gelingt das Anzünden auf Anhieb.
Die Schüler äußern sich spontan und disqualifizieren den Gasanzünder als untaugliches Mittel, ohne dieses näher zu begründen.

Lehrer: Ihr habt richtig beobachtet: Mit dem Gasanzünder konnte die Kerze nicht angesteckt werden, das gelang nur mit dem Streichholz.
...

I/Ü 1 Handlungsziel:

Für den Problemlösungsprozeß ist es zunächst nötig, untaugliche Hypothesen zu verwerfen. Die Schüler wissen, daß mit dem Funken des Gasanzünders nur Gase entflammt werden können, nicht aber feste Stoffe wie der (kalte) Docht. Der Lehrer möchte erreichen, daß die Schüler begründen, warum ein Docht nicht mit einem Gasanzünder angezündet werden kann.

Lehrtätigkeit:

Lösungsvorschlag II/Ü 1

Akzentuieren: Hinweis darauf, daß ein (Gesichts-)Punkt nicht oder zu wenig beachtet wurde

(1.) Ihr solltet euch zunächst noch mit dem Gasanzünder auseinandersetzen.

Problematisieren: Auf ungelöste Aufgaben oder Probleme hinweisen

(2.) Vielleicht gelingt es euch auch, eure Beobachtungen zu begründen.

(3.) Warum ging es nicht mit dem Gasanzünder?

Begründung:

Der Lehrer regt mit seinem Impuls dazu an, die Kenntnisse über den Gasanzünder auf den zu Gespräch stehenden Sachverhalt anzuwenden. Er kann dazu Impulse mit unterschiedlichem Ausmaß an Hilfe wählen. Am direktesten ist die Hilfe beim dritten Impuls. Mit der Frage "Warum ...?" fordert er die Schüler auf, nach dem Grund zu suchen.

Lehrer: Ihr solltet euch zunächst noch mit dem Gasanzünder auseinandersetzen.

Horst: Der Gasanzünder ist nur für Gas.

Christel: Und da kommt jeweils nur ein Funke, wenn wir das mit dem Gasanzünder anmachen.

Michael: Um die Kerze anzuzünden, braucht man ja ein richtiges kleines Feuer.

Ute: Beim Gasanzünder sprühen nur Funken raus und das entzündet den Docht nicht.
Also haben wir eine Streichholzschachtel genommen, haben einen Streichholz an der Reibefläche gerieben und den Docht damit angezündet.

Lehrer: ...

I/Ü 2 Handlungsziel:

Horsts Beitrag enthält bereits einen Teil der erwarteten Begründung. Christel, Michael und Ute beziehen sich nicht auf den Lehrerimpuls und auch nicht direkt auf Horsts Antwort. Der Lehrer möchte die Aufmerksamkeit auf Horsts Beitrag lenken.

Lehrtätigkeit:

Lösungsvorschlag II/Ü 2

Akzentuieren: Gewichten von Schülerbeiträgen

(1.) Ihr habt gar nicht beachtet, was Horst gesagt hat.

(2.) Und vorher hat Horst noch eine wichtige Feststellung getroffen, was den Gasanzünder betrifft.

Begründung:

Gesprächsführung erfordert vom Lehrer, daß er die Gedankenentwicklung strukturiert und den "roten Faden im Auge behält". Hier ist der Hinweis auf die richtige Antwort Horsts wichtig, denn die von Christel, Michael und Ute bringen nichts Neues.

Lehrer: Und vorher hat Horst noch eine wichtige Feststellung getroffen, was den Gasanzünder betrifft.

Petra: Der Gasanzünder zündet nur Gas an. - Der funktioniert nur, wenn man Gas anzünden will.

Elke: Gas - das genügt schon, wenn da ein paar Funken kommen.

Lehrer: Dann wollen wir einen anderen Versuch machen. Paßt jetzt gut auf!

Versuch 2: Der Lehrer pustet die Kerze aus und "wirft" im gleichen Moment mit dem Gasanzünder einen Funken an den Docht. Die Kerze entflammt wieder! Es handelt sich hier um einen für den weiteren Unterrichtsverlauf wichtigen Versuch.

Martin: Das Wachs muß erstmal heiß werden, damit es brennen kann.
... Und durch die paar Funken da brennt das noch nicht an. Und darum haben wir das mit dem Streichholz versucht und mit dem Streichholz hat es dann geklappt.

Christel: Und der Docht, der hatte noch ein bißchen geglüht. Und der eine Funke, der reicht schon aus, um das wieder zum Brennen zu bringen.

Jochen: Ich finde auch, das kam davon, weil der Docht geglüht haben muß. Da reichte schon der eine Funke ...

Christian: Sie haben die Kerze in die Hand genommen und ausgepustet ... im selben Augenblick die Kerze mit dem Gasanzünder wieder angezündet.

Lehrer: ...

I/Ü 3 Handlungsziel:

Von dem Gesagten ist für die weiteren Überlegungen wichtig, daß der Funke sofort nach Verlöschen der Flamme auf die noch aufsteigenden Gase trifft, um den Docht zu entflammen. In Christians Beitrag wird diese Bedingung erwähnt. Auf diesen Teil in Christians Beitrag möchte der Lehrer hinweisen.

Lehrtätigkeit:

Lösungsvorschlag II/Ü 3

Akzentuieren: Einen bestimmten Teil eines Schülerbeitrages hervorheben (lassen)

(1.) Von all dem, was ihr bis jetzt gesagt habt, bringt uns ein Teil aus Christians Antwort noch am ehesten weiter. Darauf richten wir unser Augenmerk.

(2.) Christian ist der Lösung schon am nächsten. Er hat eine wichtige Bedingung erwähnt.

Begründung:

Die von Christian genannte Bedingung ist ein wichtiges Element für die Erklärung des Sachverhaltes. Der Lehrer versucht deswegen, Christians Beitrag in die weitere Gedankenentwicklung einzubinden und entsprechend hervorzuheben.

Lehrer: Von all dem, was ihr bis jetzt gesagt habt, bringt uns ein Teil aus Christians Antwort noch am ehesten weiter. Darauf richten wir unser Augenmerk.

Norbert: Das Wichtigste ist, daß Sie in demselben Augenblick, in dem Sie die Kerze ausgepustet hatten, mit dem Gasanzünder einen Funken gesprüht haben.

Lehrer: Genau. Daß ich die Kerze in die Hand genommen habe ...

Norbert: Das ist ja nicht wichtig!

Lehrer: ... und daß ich den Gasanzünder in die Hand genommen habe, das sind die Tätigkeiten dazu, die interessieren uns im Augenblick nicht. Uns interessiert, was hier tatsächlich im einzelnen passiert ist, und zwar an der wichtigsten Stelle. Und das wiederhole noch einmal, Heike.

Heike: Als Sie den Docht ausgepustet hatten, da haben Sie im selben Augenblick mit dem Gasanzünder die Flamme wieder zum Brennen gebracht.

Lehrer: ...

I/Ü 4 Handlungsziel:

Die Schüler haben bereits mehrere Erklärungsversuche dafür gegeben, warum sich die Kerze mit dem Gasanzünder entzünden ließ: heißes Wachs (Martin), glühender Docht (Christel, Jochen). Der Lehrer möchte dazu anregen, eine vorläufige Bilanz zu ziehen und erreichen, daß der Beitrag von Martin bei weiteren Erklärungsversuchen berücksichtigt wird.

Lehrtätigkeit:

Lösungsvorschlag II/Ü 4

Akzentuieren: Hinweis, auf vorangegangene Beiträge zu achten und diese in die weiteren Überlegungen einzubeziehen

(1.) Wir haben bereits einige Erklärungen gehört, warum das jetzt möglich war. Eine Erklärung haben wir von Martin gehört.

(2.) Wenn ihr euer Nachdenken jetzt fortsetzt, solltet ihr beachten, was Martin vorhin gesagt hat.

(3.) Was Martin vorhin gesagt hat, war interessant: heißes Wachs.

Begründung:

Der heiße und darum flüssige Zustand des Wachses muß bei den weiteren Überlegungen der Schüler berücksichtigt werden. Martins Beitrag enthielt bereits Andeutungen in dieser Richtung.

Lehrer:	Wir haben bereits einige Erklärungen gehört, warum das jetzt möglich war. Eine Erklärung haben wir von Martin gehört.
Ute:	Martin hat zuerst gesagt, daß das Wachs heiß sein muß.
Lehrer:	Ja?
Horst:	Und wenn man mit einem Gasanzünder rangeht ... das Wachs, das muß erstmal weich werden.
Heike:	Das Wachs, das war noch nicht hart, das war noch weich. Und jetzt hat das funktioniert mit dem Gasanzünder.
Lehrer:	...

I/Ü 5 Handlungsziel:

Die Zustandsbeschreibungen des heißen Wachses sind noch ungenau. Die Schüler sollen ihre Beschreibungen konkretisieren.

Lehrtätigkeit:

Lösungsvorschlag II/Ü 5

Nachhaken: Zur Konkretisierung veranlassen

(1.) Versucht für weich noch einen besseren Ausdruck zu finden.

(2.) "Weich" ist noch zu ungenau.

(3.) "Weich" ist keine gute Beschreibung. Das Wachs hat doch getropft!

Begründung:

Alle Schüler haben beobachten können, daß das Wachs flüssig war und tropfte. Ein Hinweis zur Konkretisierung führt zu einer genaueren Beschreibung durch den Begriff "flüssig".

Lehrer: Versucht für "weich" noch einen besseren Ausdruck zu finden.

Astrid: Flüssig.

Lehrer: Flüssig, gut! Flüssig - Christel?

Christel: Ich wollte vielleicht noch etwas anderes sagen.

Lehrer: Ja?

Christel: Der Gasanzünder, der entzündet doch nur so Gas. Vielleicht, daß durch das Wachs vielleicht so Gase gekommen sind, die sich dann entzündet haben?

Lehrer: Aha, das ist noch ein vierter Versuch, das zu erklären. Wollen wir sie jetzt noch einmal alle überlegen. Stellen wir sie nochmal zusammen, woran es alles gelegen haben könnte.

Alle bisherigen Erklärungsversuche werden von den Schülern zusammengefaßt: Heißes Wachs - glühender Docht - flüssiges Wachs - Gas. Rolf wiederholt die vierte Erklärung von Christel.

Rolf: Christel meint, daß das flüssige Wachs jetzt Gase entwickelt und dadurch wieder angeht.

Lehrer: Aha. Daß also hier irgendwie Gase sich entwickelt haben könnten.
...

I/Ü 6 <u>Handlungsziel:</u>

Die Schüler sollen nun Vorschläge machen, wie unter den vier Erklärungsversuchen die richtige Erklärung gefunden werden kann.

<u>Lehrtätigkeit:</u>

Lösungsvorschlag II/Ü 6

Problematisieren: Zur Problemlösung anregen, die von den Schülern durch Nachdenken gefunden werden kann

(1.) So, jetzt haben wir vier verschiedene Erklärungen. Im Grunde müßten wir jetzt etwas tun.

(2.) Bis jetzt habt ihr gut nachgedacht. Aber wie soll es jetzt weitergehen?

(3.) Ihr könnt gut nachdenken: Vier Erklärungsversuche stehen im Raum. Wir müßten es aber noch genauer wissen.

Begründung:

Der Impuls wird so formuliert, daß die Schüler selbst darauf kommen können, wie vorzugehen ist.

Lehrer: So, jetzt haben wir vier verschiedene Erklärungen. Im Grunde genommen müßten wir jetzt etwas tun.

Heike: Die richtige heraussuchen.

Lehrer: Ja. Eine kann von denen ja nur stimmen. - Vier verschiedene Erklärungen! Jetzt müssen wir uns überlegen, wie wir aus diesen vier die richtige herausfinden. Gehen wir sie jetzt der Reihe nach durch, ja, und versuchen nachzuweisen, ob diese Erklärung stimmt oder nicht.
...

I/Ü 7 Handlungsziel:

Die Angemessenheit der Erklärungen läßt sich durch Versuche (empirische Überprüfung) nachweisen. Zunächst möchte der Lehrer die Erklärung "flüssiges Wachs" aufgreifen und die Schüler um Vorschläge bitten, wie diese Erklärungen durch einen Versuch überprüft werden können. (Überprüfen: Hypothese bestätigen oder verwerfen.)

Lehrtätigkeit:

Lösungsvorschlag II/Ü 7

Problematisieren: Zur Problemlösung anregen, die von den Schülern durch Nachdenken gefunden werden kann

(1.) Dazu müssen wir uns etwas einfallen lassen. Fangen wir damit an, ob es am "flüssigen Wachs" gelegen haben könnte.

(2.) Fangen wir mit dem "flüssigen Wachs" an. Wir müßten einen Weg finden, um festzustellen, ob es am "flüssigen Wachs" gelegen haben könnte.

(3.) Fangen wir mit der Erklärung "flüssiges Wachs" an. Wem fällt eine Möglichkeit ein?

Begründung:

Indem der Lehrer "flüssiges Wachs" ausdrücklich zitiert, wird der Vorschlag des Ausprobierens deutlich nahegelegt.

Lehrer: Dazu müssen wir uns etwas einfallen lassen. Fangen wir damit an, ob es am flüssigen Wachs gelegen haben könnte.

Wolfgang: Wir könnten ja ein Schälchen mit dem flüssigen Wachs nehmen und das mit dem Gasanzünder anzünden.

Lehrer: ...

I/Ü 8 Handlungsziel:

Wolfgang hat einen brauchbaren Vorschlag gemacht. Der Lehrer möchte jetzt Einzelheiten für die Realisierung erfahren.

Lehrtätigkeit:

Lösungsvorschlag II/Ü 8

Nachhaken: Zur Konkretisierung veranlassen

(1.) Wie stellst du dir das vor, Wolfgang?

(2.) Wer hat einen Vorschlag, wie wir das schaffen mit dem flüssigen Wachs in der Schüssel?

(3.) Wolfgang hat gesagt, eine kleine Schüssel mit flüssigem Wachs. Was müßten wir machen?

Begründung:

Der Sachverhalt ist für die Schüler durchschaubar. Es kann erwartet werden, daß die Schüler genauere Angaben für die Realisierung von Wolfgangs Vorschlag machen können.

Lehrer: Wer hat einen Vorschlag, wie wir das schaffen mit dem flüssigen Wachs in dem Schälchen?

Petra: In der Kerze, da ist ja oben noch so ein bißchen flüssiges Wachs drin, das könnten wir ja dann in irgendein Glas kippen.

Lehrer: Mmh - Klaus?

Klaus: Dann erstarrt es aber gleich. Am besten halten wir es dann nochmal über die Flamme; und dann gleich hinterher mit dem Gasanzünder.

Lehrer: Mmh - Michael.

Michael: Sie können die Kerze doch einfach auspusten und in demselben Augenblick drandrücken.

Lehrer: ...

I/Ü 9 Handlungsziel:

Michael bedenkt nicht, daß der Docht bei der Versuchsdurchführung "stört". Wenn das flüssige Wachs entzündet werden soll, muß der Docht "ausgeschaltet" werden.

Lehrtätigkeit:

Lösungsvorschlag II/Ü 9

Akzentuieren: Hinweis, auf vorangegangene Beiträge zu achten, um sie in die Überlegungen einzubeziehen

(1.) Dann haben wir den Docht auch noch dabei. Wir müssen es ja nur an dem flüssigen Wachs nachweisen. Erinnert euch an Wolfgangs Vorschlag.

(2.) Wir müssen zunächst einmal viel flüssiges Wachs kriegen. Und das ist jetzt unsere Schwierigkeit. Wolfgang hatte schon eine Idee.

(3.) Den Docht können wir bei unserem Versuch nicht gebrauchen. Wolfgang wußte schon, wie es weitergehen könnte.

Begründung:

Der Lehrer hat Wolfgangs Vorschlag in Erinnerung behalten. Durch einen Hinweis darauf erreicht er, daß die Schüler den Vorschlag in ihre Überlegungen einbeziehen.

Lehrer: Wir müssen zunächst einmal viel flüssiges Wachs kriegen. Und das ist jetzt unsere Schwierigkeit. Wolfgang hatte schon eine Idee.

Klaus: Erstmal die Kerze ausmachen, dann etwas Wachs abbröckeln und in das Schälchen tun.

Christel: Das Gefäß halten wir dann über eine Flamme und schmelzen das Wachs. Dazu brauchen wir aber eine Zange.

Versuch 3: Ein Schüler versucht mit dem Gasanzünder, das flüssige Wachs im Schälchen zu entzünden. Das gelingt nicht. Das gleiche gelingt auch nicht mit einem Streichholz.

Lehrer: Gut, damit haben wir die Erklärung mit dem flüssigen Wachs widerlegt. Jetzt bleiben noch drei Behauptungen offen, die mit dem heißen Wachs, die andere mit dem noch glühenden Docht und die mit dem Gas. ...

I/Ü10 Handlungsziel:

Die Schüler sollen Überprüfungsvorschläge für einen der verbleibenden Erklärungsversuche machen.

Lehrtätigkeit:

Lösungsvorschlag II/Ü 10

Problematisieren: Eine Wissenslücke bewußt machen - auf einen zu erschließenden Sachverhalt hinweisen

(1.) Wie geht es mit unserer Überprüfung nun weiter? Welcher Versuch soll durchgeführt werden?

(2.) Wie stellen wir nun fest, ob die drei anderen Erklärungen richtig oder falsch sind?

Begründung:

Durch die vorangegangene "empirische Überprüfung" in einem kleinen Experiment sind die Schüler auf weitere Überprüfungen eingestimmt. Der Lehrer kann erwarten, daß seine Aufforderung die Schüler zu Vorschlägen anregt.

Lehrer: Wie stellen wir nun fest, ob die drei Erklärungen richtig oder falsch sind?

Christian: Die Flamme auspusten und dann einen Augenblick warten. Der Docht glüht ja noch eine ganze Zeit, und dann einige Sekunden später wieder anzünden.

Wolfgang: Wir können ja das Glühende am Docht abschneiden und dann ganz schnell mit dem Gasanzünder einen Funken drücken.

Lehrer: ...

/Ü 11 Handlungsziel:

Wolfgang meint mit seinem Vorschlag: Wenn es gelingt, die Kerze ohne glühenden Docht zu entflammen, dann ist auch der zweite Erklärungsversuch widerlegt. Der Lehrer vermutet, daß die anderen Schüler Wolfgangs "Logik" nicht verstehen.

Lehrtätigkeit:

Lösungsvorschlag II/Ü 11

Nachhaken: Zur Präzisierung, Konkretisierung veranlassen

(1.) Ich glaube, daß nicht alle wissen, wie Wolfgang das meint.

(2.) Das ist eine gute Idee. Erkläre bitte noch genauer, wie du dir das denkst.

Begründung:

Wolfgang hat einen guten Einfall. Doch dürfte nicht allen die Beweisführung einsichtig sein, eine Präzisierung bzw. genaue Erläuterung ist erforderlich.

Lehrer: Ich glaube, daß nicht alle wissen, wie Wolfgang das meint.

Norbert: Wolfgang meint, wenn es uns trotzdem gelingt, die Kerze mit dem Gasanzünder zu entzünden, dann kann es nicht am glühenden Docht gelegen haben.

Lehrer: ...

/Ü 12 Handlungsziel:

Der Lehrer möchte sich vergewissern, ob auch andere Schüler Wolfgang und Norbert in diesem Sinne verstanden haben.

Lehrtätigkeit:

Lösungsvorschlag II/Ü 12

Nachhaken: Kontrollierende Verständnisfragen einschieben

(1.) Ich würde gerne wissen, ob auch alle dieser Überlegung zustimmen können.

(2.) Gibt es noch Unklarheiten?

(3.) Alles klar jetzt? Sonst fragt noch!

(4.) Heike, wiederholst du bitte, was Wolfgang und Norbert meinen.

Begründung:

Der Lehrer will ganz sicher sein, daß alle Schüler folgen konnten. In einer Situation wie dieser kann es sich der Lehrer erlauben, auch einen Schüler ohne dessen Wortmeldung aufzurufen, wenn er noch Unverständnis vermutet.

Lehrer: Heike, wiederholst du bitte noch einmal, was Wolfgang und Norbert meinen.

Heike kann die Überlegungen sinngemäß wiedergeben.

Versuch 4: Die glühende Dochtspitze wird abgeschnitten. Dann wird die Kerze ausgeblasen und mit dem Gasanzünder wieder angezündet.

Petra: Es geht!

Andrea: Es liegt doch nicht am glühenden Docht.

Lehrer: Laut!

Andrea: Es liegt doch nicht am glühenden Docht, daß es anfängt zu brennen.

Lehrer: ...

/Ü 13 Handlungsziel:

Die Schüler sollen Andreas Gedanken aufnehmen und weiterführen.

Lehrtätigkeit:

Lösungsvorschlag II/Ü 13

Akzentuieren: Hinweis auf angemessene Denkaktivität

(1.) Noch einmal zu dem, was Andrea gesagt hat.

(2.) Fahrt bitte fort mit dem, was Andrea gesagt hat.

(3.) Andrea hatte noch nicht ganz zu Ende gedacht, war aber auf dem richtigen Weg.

Begründung:

Die Schüler werden dazu angehalten, Andreas Gedanken weiterzuführen und weitere Überprüfungsmöglichkeiten zu überlegen. Die Vermutung (Hypothese), der glühende Docht sei Ursache für das Wiederentflammen der Kerze, kann als Erklärung ausgeschieden werden.

Lehrer:	Andrea hatte noch nicht ganz zu Ende gedacht, war aber auf dem richtigen Weg.
Horst:	Es liegt nicht am glühenden Docht.
Lehrer:	Und warum nicht? (Erk.)
Michael:	Weil wir den glühenden Docht abgeschnitten haben.
Lehrer:	Und es ging. Es ging trotzdem an! (Ak)
Christel:	Es muß dann an der Wärme liegen.
Lehrer:	...

:/Ü 14 Handlungsziel:

Auch die Vermutung von Christel soll wie die vorangehenden durch einen Versuch überprüft werden. Die Schüler sollen sich einen Versuch ausdenken.

Lehrtätigkeit:

Lösungsvorschlag II/Ü 14

Problematisieren: Eine Wissenslücke bewußt machen, auf einen zu erschließenden Sachverhalt hinweisen

(1.) Jetzt müssen wir Christels Behauptung untersuchen.

(2.) Mit welchem Versuch können wir Christels Behauptung untersuchen?

(3.) Entwerft einmal einen Versuch für Christels Behauptung.

Begründung:

Wie schon im vorangegangenen Unterrichtsverlauf bietet es sich auch hier an, die Vermutung von Christel durch einen Versuch zu überprüfen.
Da die Schüler im bisherigen Unterrichtsverlauf gute Lösungsideen hatten, kann erwartet werden, daß sie auch hierzu Einfälle haben.

Lehrer: Jetzt müssen wir Christels Behauptung untersuchen.

Die Schüler machen mehrere Vorschläge, die aber nicht zur Klärung des Sachverhalts beitragen. Der Lehrer schlägt schließlich vor, das Wachs einer zweiten Kerze um den Docht herum warm bzw. flüssig zu machen und dann zu versuchen, die Kerze mit dem Gasanzünder anzuzünden.
Auch dieser Versuch, es ist mittlerweile der fünfte, gelingt nicht.

Lehrer: Was stellen wir fest?
Wolfgang: An der Wärme liegt es auch nicht.
Michael: Es kann nur an den Gasen liegen, man kann ja regelrecht sehen, wenn die Kerze an ist, daß es da oben - wenn man da so hinguckt - so verschwommen ist.
Lehrer: ...

/Ü 15 <u>Handlungsziel:</u>

Wie in den vorangegangenen Situationen sollen die Schüler Vorschläge für die empirische Überprüfung dieser Vermutung machen.

<u>Lehrtätigkeit:</u>

Lösungsvorschlag II/Ü 15

Problematisieren: Eine Wissenslücke bewußt machen, auf einen zu erschließenden Sachverhalt hinweisen

(1.) Das wollen wir jetzt aber genau wissen!

(2.) Es müßten also Gase sein. Aber das müssen wir jetzt erstmal beweisen.

(3.) Wollen wir hierzu auch noch einen Versuch überlegen. Macht Vorschläge!

Begründung:

Wie bei Ü 14, nur wird es hier schwieriger sein, einen Versuch zu finden, mit dem man das Gas nachweisen kann. Bei Impuls (1.) erwartet der Lehrer, daß sich die Schüler nach dem bisherigen Vorgehen Gedanken über einen Versuch machen. Bei den Impulsen (2.) und (3.) spricht der Lehrer den Versuch direkt an.

Lehrer: Wollen wir jetzt hierzu auch noch einen Versuch überlegen. Macht Vorschläge!

Christian: Erst die Kerze ausmachen, dann ein Streichholz entzünden und mit dem brennenden Streichholz immer näher an die Kerze rangehen. Wenn da Gase sind, dann entzünden die sich ja.

Heike: Wenn man die Kerze ausgepustet hat, und wenn man nun nicht gleich wieder anzündet, das riecht ja dann auch ein bißchen so.

Jürgen: Da kommt doch so ein komischer Dampf - Dampf nicht, so Rauch - und der riecht doch so komisch. Vielleicht, wenn man den gleich wieder anmacht, ist das vielleicht der Beweis.

Wolfgang: Ich glaube nicht, daß es am Gas liegt. Wenn das wirklich Gas wäre, dann müßte es ja in diesem Raum sein. Dann müßten wir das merken.

Lehrer: ...

:/Ü 16 Handlungsziel:

Durch Überlegen sollen die Schüler herausfinden, daß kein Gas im Raum sein kann, weil es ja in der Flamme verbrennt. Der Widerspruch in Christians und Wolfgangs Vermutung konnte den Sachverhalt klären.

Lehrtätigkeit:

Lösungsvorschlag II/Ü 16

Problematisieren: Auf einen Widerspruch in Schülerbeiträgen hinweisen

(1.) Wir müssen jetzt ganz deutlich unterscheiden zwischen dem, was Christian vermutet, und dem, was Wolfgang glaubt.

(2.) Es lohnt sich, Christians und Wolfgangs Vermutungen zu vergleichen.

(3.) Christians und Wolfgangs Vermutungen widersprechen sich. Das sollten wir jetzt untersuchen.

Begründung:

Widersprüche und Gegensätze in Beiträgen, Argumenten und Texten haben in der Regel ein hohes Anregungspotential. Impuls (2.) regt dazu an, den Widerspruch selbst zu entdecken. Impulse (1.) und (3.) dagegen sind direkter, sie geben mehr vor als der zweite, indirekte Impuls.

Lehrer: Es lohnt sich, Christians und Wolfgangs Vermutungen zu vergleichen.

Michael: Was Wolfgang gesagt hat, kann nicht stimmen. Es bildet sich ja nur wenig Gas, und das verbrennt ja gleich. Da bleibt nichts übrig.

Christel: Das würde ja nicht brennen, wenn sich das Gas ins Zimmer ausbreitet.

Lehrer: Gut! Das Gas verbrennt! Denn das Gas ist es ja, das hier angezündet wird - nach der Behauptung von Christian - und dieses Gas verbrennt, nämlich hier in der Flamme. Und hier ist kein Gas mehr.
...

/Ü 17 Handlungsziel:

Für die weitere Gedankenentwicklung ist es wichtig, den Entstehungsort des Gases zu lokalisieren und genauer zu beobachten.

Lehrtätigkeit:

Lösungsvorschlag II/Ü 17

Problematisieren: Eine Wissenslücke bewußt machen, auf einen zu erschließenden Sachverhalt hinweisen

(1.) Wir müssen erst einmal den Ort genau feststellen, an dem das Gas sein kann.

(2.) Wo kann jetzt das Gas sein, wenn überhaupt welches da ist?

(3.) Für eure weiteren Überlegungen ist es wichtig, den Entstehungsort des Gases zu finden.

Begründung:

Die Aufmerksamkeit der Schüler wird direkt auf den Entstehungsort des Gases gelenkt. Es ist wenig wahrscheinlich, daß die Schüler ohne Denkanstoß zu dieser Beobachtung bzw. Überlegung gelangen würden.

Lehrer: Wir müssen erst einmal den Ort genau feststellen, an dem das Gas sein kann.

Andrea: Das ist genau da, wo wir die Flamme sehen.

Lehrer: Wir müssen es noch genauer sagen, wo eigentlich das Gas ist. Schaut euch das mal genau an.

Heike: Um den Docht herum - unten.

Elke: Wo es anfängt zu brennen.

Lehrer: ...

/Ü 18 Handlungsziel:

Die beiden letzten Beiträge sind noch zu unpräzise. Der Lehrer möchte dazu anregen, das Aussehen der Flamme zu beschreiben.

Lehrtätigkeit:

Lösungsvorschlag II/Ü 18

Nachhaken: Zur Verdeutlichung eines Beitrages anregen

(1.) Könnt ihr es noch genauer beschreiben?

(2.) Vielleicht sagt ihr den anderen einmal, was ihr genau seht, wenn ihr in die Flamme schaut.

(3.) Schaut euch die Flamme einmal genauer an, damit ihr es noch besser sagen könnt.

Begründung:

Bei genauerer Beobachtung der Flamme sind verschiedene Zonen zu erkennen. Diese Zonen sind für den Nachweis des Gases von Bedeutung. Darum ist es wichtig, daß alle Schüler diese Beobachtung machen.

Lehrer: Vielleicht sagt ihr den anderen einmal, was ihr genau seht, wenn ihr in die Flamme schaut.

Elke: Da ist ein helleres Gelb, das ist oben, und ein dunkleres, das ist unten.

Lehrer: Sag es nochmal laut. Worin, meinst du, ist das Gas hier enthalten? (Ak)

Elke: In dem dunkleren Gelb.

Andrea: In dem dunkleren, was dort unmittelbar am Docht ist. Da ist etwas Dunkles, und da oben drüber ist etwas Helleres.

Lehrer: Zeichne bitte einmal an die Tafel, was man an der Kerzenflamme beobachten kann. Nimm bunte Kreiden dazu.

Andrea zeichnet die Flamme im Querschnitt an und hebt die Zonen der Flamme farblich deutlich hervor. Der Lehrer führt folgende Begriffe ein:

Kern für die dunklere Zone (mit dem unverbrannten Gas um den Docht herum);

Leuchtzone für die leuchtende Zone (in der das Gas verbrennt);

Saum für die schwach leuchtende äußere Zone (Auch hier verbrennt Gas, denn hier hat die Flamme am meisten Sauerstoff).

Elke beschriftet die Zeichnung.

Lehrer: ...

/Ü 19 Handlungsziel:

Es ist der Beweis zu führen, daß sich in der dunkleren Zone der Flamme unverbranntes Gas befindet.

Lehrtätigkeit:

Lösungsvorschlag II/Ü 19

Problematisieren: Eine Wissenslücke bewußt machen, auf einen zu erschließenden Sachverhalt hinweisen

(1.) Durch welchen Versuch können wir feststellen, ob sich in der dunklen Zone unverbranntes Gas befindet?

(2.) Wer hat eine Idee, wie wir das unverbrannte Gas nachweisen können?

Begründung:

Für diesen Versuch bedarf es schon eines klugen Einfalls. Der Lehrer erwartet Schwierigkeiten, mutet den Schülern aber diese Überlegung zu. Er hält sich vorerst mit eigenen Vorschlägen zurück und ist darauf vorbereitet, seine Lösungshilfen gegebenenfalls bereitzustellen.

Lehrer: Wer hat eine Idee, wie wir das unverbrannte Gas nachweisen können?

Jochen: Vielleicht kann man die Flamme mit einem Gegenstand oder einer Schere zur Seite drücken, dann kann man doch sehen, wie das Gas rauskommt.

Wolfgang: Das Gas würde auf der anderen Seite gleich brennen, weil da ja noch Feuer ist.

Horst: Man könnte ja eine Kerze mit dem Docht in die dunkle Zone halten und dann in die helle Zone.

Der von Horst vorgeschlagene (6.) Versuch mißlingt. Der Lehrer macht den Vorschlag, anstatt des Dochtes ein Streichholz zu verwenden.

Lehrer: Was dürfte hier eigentlich nicht passieren, wenn wir das Streichholz hier reinstecken, wo das Gas ist?

Christel: Es dürfte nicht anfangen zu brennen.

Lehrer: Ja, wollen mal sehen, ob es brennt.

Versuch 7: Mit einer schnellen Bewegung führt der Lehrer den Zündholzkopf in die dunkle Zone, wartet einen Augenblick und kann ihn - wieder schnell - unverbrannt aus der Flamme ziehen. Das Streichholz zeigt deutliche Brandspuren, die von der Leuchtzone sowie vom Saum herrühren. In der hellen Zone entflammt das Streichholz sofort. Die Schüler sind nach diesen Versuchen davon überzeugt, daß sich in der dunklen Flammenzone noch unverbranntes Gas befindet.

Lehrer: Wir haben immer noch nicht den richtigen Beweis, daß es tatsächlich Gas ist. Die anderen Versuche haben es uns nur indirekt bewiesen.
...

/Ü 20 <u>Handlungsziel:</u>

Die Schüler sollen überlegen, wie das Gas aus der Kernzone der Flamme abgezweigt werden kann.

<u>Lehrtätigkeit:</u>

Lösungsvorschlag II/Ü 20

Problematisieren: Auf eine ungelöste Aufgabe hinweisen

(1.) Das beste wäre, wir könnten das Gas irgendwie aus der Flamme herausholen oder ableiten.

(2.) Wir müssen jetzt noch einen Weg finden, wie wir das Gas auffangen oder ableiten können.

Begründung:

Ein überzeugender Weg, Gas nachzuweisen, besteht in der Ableitung einer Tochterflamme. Dazu hält man ein (im Winkel gebogenes) Glasröhrchen in die Kernzone und kann Gas ableiten. Hält man ein brennendes Streichholz in die Öffnung des Glasröhrchens, erhält man eine schwache Flamme und hat so den direkten Nachweis, daß in der Kerzenflamme Gas verbrennt. Um auf den vom Lehrer geplanten Versuch mit dem Glasröhrchen zu kommen, benötigen die Schüler deutliche Hinweise bzw. direkte Hilfe.

Lehrer: Das beste wäre, wir könnten das Gas irgendwie aus der Flamme herausholen oder ableiten.

Norbert: In die Flamme da ein Glasrohr reinhalten, dann müßte das Gas ja da reingehen, und in irgendein Gefäß reinhalten.

Lehrer: Das wär 'ne Idee! Das wollen wir mal machen! So was haben wir auch vorbereitet. - Wir nehmen ein Glasröhrchen und bauen uns jetzt eine Gasleitung. Wir zapfen jetzt also das Gas an und leiten es einfach ab. Und versuchen, es jetzt hier oben anzuzünden. Was müßte jetzt entstehen? (Folgern lassen)

Klaus: Eine Flamme.

Lehrer: Wenn nämlich eine Flamme jetzt hier oben entsteht, was haben wir dann für einen Beweis angetreten? (Erklären lassen)

Heike: Die Flamme wird durch Gas genährt.

Lehrer: Gut, das wollen wir versuchen. - Paßt auf, wir wollen das nachher anzünden.

Versuch 8:

Elke: Es brennt!

Jürgen: Aber ganz wenig nur.

Michael: Das macht ja nichts, Hauptsache, es brennt!

Lehrer: Seht ihr's? Jetzt seid ihr dran! (Erklären lassen)

In mehreren Schülerbeiträgen, die diesem Impuls folgen, wird der untersuchte Sachverhalt in der richtigen Weise erklärt. Der Lehrer läßt abschließend den Ablauf der Stunde mit Versuchen und Zwischenergebnissen wiederholen, wobei das letzte Versuchsergebnis als Hauptergebnis entsprechend herausgestellt wird.

5.3 ENTSCHEIDUNGSTRAINING III

<u>Arbeitsanweisung:</u>
Mit den folgenden Übungen setzen Sie das Ihnen bereits bekannte Entscheidungstraining fort. Allerdings mit dem Unterschied, daß Sie hier keine Angaben mehr über die Lehrerintentionen erhalten. Stattdessen wird von Ihnen erwartet, daß Sie sich in die Lage des unterrichtenden Lehrers versetzen, gewissermaßen an seiner Stelle handeln und die Intentionen selbst finden.

- Versuchen Sie, die im Unterrichtsprotokoll beschriebenen Unterrichtssituationen zu analysieren bzw. zu interpretieren, um eine jeweils angemessene Lehrerintention zu finden, d.h. finden Sie Zielvorstellungen oder Handlungsziele, nach denen Sie in der jeweiligen Unterrichtssituation handeln würden, um den Fortgang des Unterrichtsgesprächs anzuregen.

- Entscheiden Sie sich dann für eine Ihrem Handlungsziel angemessene Lehrtätigkeit und formulieren Sie einen entsprechenden Impuls.

- Vergleichen Sie dann Ihre Entscheidung mit unserem Lösungsvorschlag.

Eine vollkommene Übereinstimmung mit den vorgeschlagenen Lösungen ist nicht beabsichtigt und wegen interindividuell unterschiedlicher Situationsauffassung und verschiedenartiger Lehrstile wohl auch schwerlich möglich. Dennoch wurden für das Training Situationsbeschreibungen gewählt, die eine Annäherung der Entscheidungen möglich erscheinen lassen. Schreiben Sie bitte Ihre Lösungsvorschläge zu den

Übungen in der folgenden Reihenfolge im dafür freigelassenen Raum nieder:

Situationsauffassung:

Handlungsziel:

Lehrtätigkeit:

Ausführliche Angaben über Lehrinhalt, Lehrziele und Erarbeitungsschritte sollen es Ihnen erleichtern, sich in die Rolle des handelnden Lehrers hineinzuversetzen. Zwei Übungsbeispiele vor dem eigentlichen Trainingsbeginn dienen als Einstieg in die neue Trainingsvariante.

Als Erfolg Ihrer Trainingsbemühungen erwerben Sie größere Flexibilität und Sicherheit bei didaktischen Entscheidungen und Handlungen im Unterrichtsgespräch.

Situation: Grundschule, 4. Klasse, Deutsch
Thema: Der Fuchs und der Ziegenbock (Fabel von Äsop)
Lehrverfahren: Interpretierendes Unterrichtsgespräch
21 Schüler, 12 Jungen, 9 Mädchen
Sitzordnung: Offenes Rechteck

Text der Fabel: Der Fuchs und der Ziegenbock (Äsop)

Ein Fuchs fiel in einen tiefen Brunnen und konnte sich nicht heraushelfen. Da kam ein dürstiger Ziegenbock zum Brunnen, und als er den Fuchs sah, fragte er ihn: "Ist das Wasser gut?" Der Fuchs verschwieg, daß er in die Tiefe hinabgestürzt war, und antwortete: "Das Wasser ist klar und schmeckt gut; komm nur auch herab." Das tat der Bock, und als er seinen Durst gelöscht hatte, fragte er: "Wie können wir aber wieder herauskommen?" Der Fuchs entgegnete: "Dafür will ich schon sorgen. Du stellst dich auf die Hinterbeine, stemmst die Vorderbeine gegen die Wand und streckst deinen Hals aus. Dann werde ich über deinen Rücken und deine Hörner hinaufklettern und dir auch heraushelfen."

Der Ziegenbock tat, was der Fuchs geraten hatte, und sogleich sprang dieser über ihn hinweg und mit einem kräftigen Satz auf den Brunnenrand. Dort tanzte er voll Freude über seine Befreiung und verhöhnte den Bock. Dieser schalt ihn vertragsbrüchig, der Fuchs aber sagte: "Wenn du in deinem Kopf so viele Gedanken hättest wie Haare in deinem Bart, so wärst du nicht da hinuntergestiegen, ohne zu bedenken, wie du wieder herauskommst."

Lehrziele:

1. Die Schüler sollen die beiden Fabeltiere charakterisieren, mit Eigenschaftsbegriffen beschreiben und deren Verhalten bzw. Handlungen bewerten.
2. ... die Aussage, Erfahrung entschlüsseln, die hinter der vordergründigen Handlung verborgen ist:

- Gutmütigkeit kann zum eigenen Schaden führen, wenn der Hilfsbereite ohne nachzudenken handelt.
- Der Überlegene nutzt die Schwäche und Gutmütigkeit seines Gegenübers aus.

3. ... im Verlaufe der Auseinandersetzung mit dem Text einen Denkniveauwechsel von der Handlungs- bzw. Anschauungsebene (Fakten- und Beziehungswissen) zur Reflexionsebene (Interpretieren, Schlußfolgern und Verallgemeinern) vollziehen können.

   Nach einer ersten Erarbeitungsphase, in der es primär darum geht,

   - den Handlungszusammenhang zu erkennen
   - die Fabelfiguren zu charakterisieren und zu bewerten

   sollen die Schüler in einer zweiten Erarbeitungsphase zu Denktätigkeiten auf "höherem Niveau" wie Erklären, Interpretieren und Verallgemeinern angeregt werden.

<u>Unterrichtsverlauf:</u>

Der Lehrer erklärt zu Beginn, daß er heute über einen bestimmten Text mit den Schülern nachdenken möchte. Vor dem Vortrag der Fabel zeichnet er einen Ziehbrunnen (etwa 1,5 m tief) an die Tafel und vergewissert sich darüber, ob den Schülern die Worte "verhöhnen" und "vertragsbrüchig" bekannt sind. Dann trägt der Lehrer die Fabel vor. Nach einer Phase spontaner Äußerungen, in der die Schülerbeiträge vom Lehrer kommentarlos zur Kenntnis genommen werden, erhalten die Schüler den Text und lesen ihn still durch. Währenddessen bereitet der Lehrer das Tafelprotokoll vor, indem er die Namen der beiden Tiere über die Tafelhälften schreibt.

1. Erarbeitungsphase:

Lehrziel: Die Schüler sollen die beiden Fabeltiere charakterisieren, mit Eigenschaftsbegriffen beschreiben und deren Verhalten bzw. Handlungen bewerten.

Die von den Schülern gefundenen Begriffe werden in zwei Spalten unter dem jeweiligen Tiernamen als Tafelprotokoll fixiert.

Erwartete Begriffe:	Fuchs	Ziegenbock
	schlau	gedankenlos
	(hinter-)listig	gutmütig
	höhnisch	hilfsbereit
	schadenfroh	vertrauensvoll
	gemein	arglos
	vertragsbrüchig	einfältig

Geplante Erarbeitungsschritte:

Anregen und/oder Aufgreifen bzw. Anknüpfen:

- Der Ziegenbock ist gutgläubig, er handelt ohne nachzudenken.
- Die List des Fuchses: Er enthält dem Ziegenbock eine wichtige Information vor und übertölpelt ihn.
- Bösartiges Verhalten des Fuchses nach seiner Rettung.
  Text-Impuls: "Wenn du in deinem Kopf ..."

Übungsbeispiel 1

Situation:

Lehrer: Ihr habt jetzt alle den Text gelesen. Wir wollen nun darüber sprechen, was hier passiert. In dem Text begegnen sich zwei Tiere, die sehr verschieden sind.

Holger: Ich finde, der Fuchs hat den Ziegenbock hereingelegt. Er hat ihm nicht gesagt, daß er in den Brunnen hinabgestürzt war und nicht wieder heraus kann.

Anja: Der Fuchs hätte ja auch die Wahrheit sagen können und den Ziegenbock gleich darum bitten können, ihm herauszuhelfen.

Eva: Ich glaube, wenn der Ziegenbock zuerst herausgekommen wäre, hätte er dem Fuchs geholfen.

Sascha: Aber wie hätte der Ziegenbock das anstellen sollen? Ohne Seil oder Leiter, finde ich, hätte er es nicht geschafft.

Lehrer: ...

Situationsauffassung:
Handlungsziel:
Lehrtätigkeit:

Lesen Sie bitte den folgenden Lösungsvorschlag.

Lösungsvorschlag

Situationsauffassung:

Mit dem Hinweis auf die Verschiedenartigkeit der Tiere hatte der Lehrer eigentlich beabsichtigt, daß die Schüler auf die Eigenschaften der Tiere eingehen und diese mit Begriffen benennen. Die Schüler scheinen den Impuls jedoch nicht in diesem Sinne verstanden zu haben. Die ersten drei Beiträge enthalten zwar Eigenschaftsbeschreibungen, ohne diese jedoch begrifflich einzugrenzen, z.B. listig, hinterlistig für den Fuchs und gutmütig bzw. hilfsbereit für den Ziegenbock. Anja erwähnt einen Lösungsvorschlag, Eva traut dem Ziegenbock hilfsbereites Handeln zu und Sascha bezweifelt, daß sich Evas Vermutung realisieren läßt.

Der Grund für die - unter dem Aspekt des Handlungsziels - divergierenden Schülerbeiträge ist in der nicht eindeutigen Impulsformulierung zu suchen. Zudem bleibt durch die Vorbemerkung "wir wollen nun darüber sprechen, was hier passiert" die Intention unklar.

Handlungsziel:

Die Auseinandersetzung mit den Eigenschaften soll durch einen direkteren Denkanstoß angeregt werden. Durch Vergleichen sollen die Eigenschaften deutlicher hervortreten.

Lehrtätigkeit:

Ak: Dazu anregen, Fakten, Objekte, Personen zu vergleichen

"Ihr habt euch schon gut in die Ereignisse hineingedacht. Wollt ihr bitte zunächst die beiden Tiere vergleichen und treffend beschreiben, wie sie sind."

Übungsbeispiel 2

Situation:

Lehrer: Ihr habt euch schon gut in die Ereignisse hineingedacht. Wollt ihr bitte zunächst die beiden Tiere vergleichen und treffend beschreiben, wie Sie sind.

Sascha: Der Ziegenbock hätte sich eigentlich denken müssen, daß der Fuchs ihn reinlegen könnte.

Stefanie: Also, der Ziegenbock hatte bestimmt großen Durst, aber er hätte sich trotzdem überlegen können, wie er wieder herauskommt.

Anja: Er hat doch gesehen, wie tief es war und wie steil die Brunnenwand war.

Holger: Der Ziegenbock hatte zwar Durst, aber er hätte sich das denken können.

Lehrer: ...

Situationsauffassung:
Handlungsziel:
Lehrtätigkeit:

Lesen Sie bitte den folgenden Lösungsvorschlag.

Lösungsvorschlag

Situationsauffassung:

Die vier Beiträge befassen sich damit, daß der Ziegenbock "nicht nachgedacht" hat, ohne einen Eigenschaftsbegriff dafür zu nennen. Die Schüler meinen "gedankenlos" und charakterisieren diesen Begriff durch entsprechende Merkmale.

Handlungsziel:

Mit einem direkten Impuls soll dazu angeregt werden, das zutreffend charakterisierte Verhalten des Ziegenbocks mit einem Eigenschaftswort zu bezeichnen.

Lehrtätigkeit:

Ak: Zu einer angemessenen Denkaktivität (Begriffsbildung) anregen

- "Das, was ihr eben über das Verhalten des Ziegenbocks gesagt hat, könntet ihr einmal mit einem Eigenschaftswort beschreiben."
- "Mit welchem Eigenschaftswort kann man das eben Gesagte bezeichnen?"

Situation:

Lehrer: Mit welchem Eigenschaftswort kann man das eben Gesagte bezeichnen? (Bisher wurden Merkmale für "gedankenlos" genannt, ohne den Begriff selbst zu nennen.)

Rainer: Ja, der Ziegenbock war eigentlich blind, wenn er nicht gemerkt hat, daß der Fuchs ihn hinters Licht führen wollte.

Lehrer: Hm, er meint jetzt "blind", aber ...

Michael: ..., daß er nicht nachgedacht hat.

Iris: ... und nicht genug überlegt.

Lehrer: Ich will das gleich aufschreiben "hat nicht nachgedacht". Seid ihr auch mit "gedankenlos" einverstanden? Das meint ihr nämlich.
(Zustimmung von mehreren Schülern)

Holger: Das wollte ich auch sagen!

Lehrer: (Schreibt: "hat nicht nachgedacht, gedankenlos" an die Tafel). So, eine Eigenschaft haben wir bereits für den Ziegenbock gefunden.

Lehrer: ...

I/Ü 1 Situationsauffassung:

Handlungsziel:

Lehrtätigkeit:

Lösungsvorschlag III/Ü 1

Situationsauffassung:

Bei Nennung der Eigenschaft "blind" will der Lehrer gerade zum Nachhaken ansetzen, als Michael und Iris ihm ins Wort fallen. Sie gehen jedoch nicht auf die Anregung ein, das Verhalten mit einem Eigenschaftsbegriff zu beschreiben. Da beide wieder die gemeinte Eigenschaft mit Verben beschreiben, greift der Lehrer das auf und bietet den erwarteten Begriff selbst an. Er gibt damit zugleich ein Modell für das weitere Vorgehen.

Handlungsziel:

Die Charakterisierung des Ziegenbocks soll fortgesetzt werden.

Lehrtätigkeit:

Ak: Aufforderung zum Weitermachen, -denken

"Über den Ziegenbock steht noch mehr im Text."

Situation:

Lehrer: Über den Ziegenbock steht noch mehr im Text.

Anja: Der Ziegenbock dachte also, der Fuchs ist sein Freund, der ihm hinterher auch hilft.

Thomas: Er hat dem Fuchs vertraut, denn er hat versprochen: "Dafür will ich schon sorgen, daß du wieder herauskommst."

Michael: Der Ziegenbock hat alles geglaubt, was der Fuchs ihm versprochen hat.

Kirsten: Er hat ihm vertraut.

Rainer: Ja, er hat sich auf den Fuchs verlassen und nicht an die Folgen gedacht.

Michael: Er hat sich gleich an den Brunnenrand gestellt, ohne zu fragen, wie der Fuchs ihm dann helfen wollte.

Stefanie: Der Ziegenbock war gutgläubig.

Eva: Ich finde, er war auch gutmütig.

Sabine: ... weil der dem Fuchs geholfen hat, ohne an sich zu denken.

Holger: Ich finde, der war hilfsbereit, aber der Fuchs dagegen ...

Lehrer: Prima, ihr habt den Ziegenbock gut beschrieben und gleich drei Eigenschaften gefunden. Das will ich sofort aufschreiben, sonst vergesse ich es noch. (Lehrer schreibt an die Tafel: gutgläubig, gutmütig, hilfsbereit).

...

I/Ü 2 Situationsauffassung:

Handlungsziel:

Lehrtätigkeit:

ET III / L 2

Lösungsvorschlag III/ Ü 2

Situationsauffassung:

In der sehr lebendigen Gesprächsphase wird der Ziegenbock zutreffend und hinreichend charakterisiert. Dafür haben die Schüler Anerkennung (Ver) verdient.

Holgers nicht zu Ende formulierte Gegenüberstellung "... aber der Fuchs dagegen ..." bietet sich als Überleitung an, jetzt den Fuchs zu charakterisieren.

Handlungsziel:

Holgers Ansatz, das Verhalten des Fuchses im Gegensatz zum Ziegenbock zu beschreiben, soll hervorgehoben werden, um zur Charakterisierung des Fuchses anzuregen.

Lehrtätigkeit:

Ak: Gewichten von Schülerbeiträgen

"Holger hat eben noch etwas über den Fuchs sagen wollen."

Situation:

Das Verhalten des Ziegenbocks wurde hinreichend charakterisiert. Der Lehrer knüpft an Holgers Beitrag an und lenkt zur Charakterisierung des Fuchses über.

Lehrer: Holger wollte eben etwas über den Fuchs sagen.

Holger: Ich meine, der Fuchs ist dagegen gemein, denn er sagt nicht, daß er nicht allein heraus kann und Hilfe braucht.

Sandra: Er hat den Ziegenbock reingelockt mit dem klaren Wasser, aber verschwiegen, daß er hineingefallen war.

Stefanie: Er hat nur geantwortet: "Das Wasser ist klar und schmeckt gut" und nicht gesagt, daß er nicht wieder heraus konnte.

Iris: Eigentlich brauchte der Fuchs ihn nur für seine Idee.

Kirsten: Ich glaube, wenn der Ziegenbock nicht so durstig gewesen wäre, wäre er nicht auf die Idee reingefallen.

Michael: Also, der Fuchs hat das alles richtig durchdacht, wie er wieder rauskommt.

Lehrer: ...

/Ü 3 Situationsauffassung:

Handlungsziel:

Lehrtätigkeit:

Lösungsvorschlag III/Ü 3

Situationsauffassung:

Der von Holger genannte Begriff "gemein" regt zu fünf Beiträgen an, die zwar inhaltlich nicht an "gemein" anknüpfen, sondern die List des Fuchses thematisieren und den Begriff "listig" sinngemäß umschreiben (hier: eine wichtige Information vorenthalten).

Handlungsziel:

Das zuvor charakterisierte Verhalten des Fuchses soll mit dem entsprechenden Eigenschaftsbegriff "listig" bezeichnet werden.

Lehrtätigkeit:

Ak: Zu einer angemessenen Denktätigkeit (Begriffsbildung) anregen

"Findet jetzt bitte ein passendes Eigenschaftswort für das, was ihr eben gesagt habt."

Situation:

Die Eigenschaft "listig" wurde sinngemäß umschrieben, ohne den Eigenschaftsbegriff zu verwenden.

Lehrer: Findet jetzt bitte ein passendes Eigenschaftswort für das, was ihr eben gesagt habt.

Sascha: Ich finde, der Fuchs ist schlau.

Thomas: Der ist auch ganz schön gerissen.

(Der Lehrer schreibt an die Tafel: schlau, gerissen)

Lehrer: ...

I/Ü 4 Situationsauffassung:

Handlungsziel:

Lehrtätigkeit:

Lösungsvorschlag III/Ü 4

Situationsauffassung:

Nach allgemeinem Sprachgebrauch wäre der Begriff "listig" treffender gewesen. Es ist jedoch anzunehmen, daß Sascha und Thomas mit "schlau" und "gerissen" das meinen, was im allgemeinen mit "listig" bezeichnet wird. Der Lehrer nimmt die vorgeschlagenen Begriffe an, da sie nach dem Verständnis der Schüler zutreffend sind.

Handlungsziel:

Mit dem Ziel, zu differenzierter Sprachverwendung anzuregen, möchte der Lehrer auch den Begriff "listig" finden lassen. Er greift aus vorangegangenen Beiträgen Merkmale auf, mit denen die List des Fuchses charakterisiert wurde: zum Trinken des klaren Wassers hereingelockt - verschwiegen, daß er nicht heraus konnte - brauchte den Ziegenbock für seine Idee - hatte alles richtig durchdacht.

Lehrtätigkeit:

Ak: Aus Schülerbeiträgen zitieren, um zu einer angemessenen Denkaktivität (Begriffsbildung) anzuregen

"'Schlau' und 'gerissen' paßt schon. Aber für 'zum Trinken des klaren Wassers hereingelockt - verschwiegen, daß er nicht heraus konnte - brauchte den Ziegenbock für seine Idee - hatte sich alles richtig durchdacht' gibt es ein Wörtchen, das noch besser paßt."

Situation:

Der Impuls, der die von den Schülern genannten Merkmale bzw. Synonyma für den Eigenschaftsbegriff "listig" zitiert, bewirkt schließlich, daß Stefanie den erwarteten Begriff nennt. Auch "er hat so etwas Hinterlistiges", "er hat den Ziegenbock überlistet" und "hinterlistig" werden genannt. Der Lehrer schreibt "(hinter-)listig" auf.

Lehrer: Über den Fuchs müßtet ihr eigentlich noch mehr feststellen.

Andreas: Der Fuchs ist auch viel schneller als der Ziegenbock.

Lehrer: ...

I/Ü 5 Situationsauffassung:

Handlungsziel:

Lehrtätigkeit:

Lösungsvorschlag III/Ü 5

Situationsauffassung:

Es bleibt unklar, was Andreas mit "schneller" meint: schneller im Denken oder in der Fortbewegung? Auf die Fortbewegung will der Lehrer sich nicht weiter einlassen, da dieser Aspekt zu Beiträgen anregen könnte, die vom Thema wegführen.

Handlungsziel:

Andreas soll seinen Beitrag verdeutlichen.

Lehrtätigkeit:

Na: Zur Verdeutlichung eines Beitrages anregen

"Wie meinst du das, Andreas, 'schneller als der Ziegenbock'?"

Situation:

Andreas findet, daß der Fuchs schneller reagiert als der Ziegenbock: "Er hat sich schnell etwas einfallen lassen, wie er den Ziegenbock zu seiner Befreiung gebrauchen kann."

Kirsten: Als er den Ziegenbock brauchte, war er freundlich zu ihm. Der sollte hinunterkommen und dann seine Leiter sein.

Eva: Ich finde auch, er hatte sich schnell überlegt, wie er den Ziegenbock überlisten könnte.

Lehrer: ...

I/Ü 6 Situationsauffassung:

Handlungsziel:

Lehrtätigkeit:

Lösungsvorschlag III/Ü 6

Situationsauffassung:

Die drei Beiträge bringen keinen neuen Aspekt ein. Sinngemäß meint Andreas "schlau", "gerissen", beides ist bereits im Tafelprotokoll vermerkt. Kirsten und Eva knüpfen zwar an Andreas Beitrag an, meinen aber "listig". Der Fuchs ist noch nicht hinreichend charakterisiert.

Handlungsziel:

Die Charakterisierung des Fuchses soll fortgesetzt werden. Der Hinweis auf den Ausgang des Geschehens im Text soll die Eigenschaften "vertragsbrüchig", "wortbrüchig" und "höhnisch" oder sinngemäß "schadenfroh", "bösartig" ins Gespräch bringen.

Lehrtätigkeit:

Ak: Zu angemessenen Denkfähigkeiten anregen, indem auf ein bestimmtes Geschehen im Text hingewiesen wird.

"Denkt bitte auch einmal an das Verhalten des Fuchses am Schluß des Textes."

Situation:

Bisher haben die Schüler noch nicht die negativ zu bewertenden Verhaltensweisen des Fuchses wie "vertragsbrüchig, wortbrüchig, höhnisch, schadenfroh, bösartig u.a." angesprochen. Der Lehrer regt durch den Hinweis auf den Schluß des Textes dazu an, mit der Charakterisierung des Fuchses fortzufahren.

Thomas: Der Fuchs hat versprochen, daß er dem Ziegenbock heraushelfen würde. Und als er oben war, interessierte ihn der Ziegenbock gar nicht mehr. Hauptsache er ist aus dem Brunnen heraus.

Stefanie: Der Ziegenbock hat ihm vertraut. Die hatten ja abgemacht, daß der Fuchs ihm heraushelfen wollte. Und dann war der Fuchs wortbrüchig.

Sabine: Zum Schluß hat er das Versprechen nicht gehalten. Der Ziegenbock war richtig vertrauensvoll und der Fuchs dagegen hat sein Wort nicht gehalten.

Andreas: Ja, er war vertrauensbrüchig, das steht ja auch da drin.

Gloria: Der Fuchs war richtig undankbar.

Lehrer: Das habt ihr wieder gut beschrieben!
(schreibt an: wortbrüchig, vertragsbrüchig).
So, gleich können wir mit der Charakterisierung Schluß machen.

Lehrer: ...

I/Ü 7 Situationsauffassung:

Handlungsziel: ET III / L 7

Lehrtätigkeit:

Lösungsvorschlag III/Ü 7

Situationsauffassung:

Das wortbrüchige bzw. vertragsbrüchige Verhalten des Fuchses wird in den fünf Beiträgen deutlich zum Ausdruck gebracht. Eigentlich hätte erwartet werden können, daß das höhnische, schadenfrohe Verhalten des Fuchses stärker beeindruckt hätte. Andererseits kann das Ausschöpfen des Denkfeldes "vertrags- bzw. wortbrüchig" im Anschluß an Thomas Beitrag auch Ausdruck der Gesprächsdisziplin sein, wenn die Schüler aufeinander eingehen.
Gloria findet das Verhalten des Fuchses "undankbar", meint aber vermutlich damit auch das Verhalten am Schluß des Textes.

Handlungsziel:

Der Lehrer greift den Begriff "undankbar" auf und stellt ihm den Schluß des Textes als Zitat gegenüber, um die Verhaltensqualität "höhnisch" herauszuarbeiten.

Lehrtätigkeit:

Ak: Dazu anregen, einer Aussage (hier: Eigenschaftszuschreibung) das entsprechende Verhalten prüfend gegenüberzustellen.

"Gloria findet das Verhalten undankbar. Ich lese einmal vor, was im Text steht: Der Fuchs tanzte voll Freude auf dem Brunnenrand und sagte: Wenn du in deinem Kopf so viele Gedanken hättest wie Haare in deinem Bart, so würst du nicht da hinuntergestiegen, ohne zu bedenken, wie du wieder herauskommst."

Situation:

Der als Textimpuls eingesetzte Schluß des Textes hat die erwartete Wirkung. Die Schüler beschreiben den Fuchs als fies, schadenfroh, bösartig und gemein. Der Begriff "höhnisch" wird vom Lehrer vorgegeben. Die Schüler nennen zwar "er verhöhnte ihn", finden aber nicht den entsprechenden Eigenschaftsbegriff. Als Tafelprotokoll notiert der Lehrer: schadenfroh, bösartig, höhnisch (er verhöhnte ihn).

Das bösartige Verhalten des Fuchses und die Verhöhnung des Ziegenbocks, er habe "dumm gehandelt", beschäftigt die Schüler stark. Hinzu kommt, daß sie beim Fuchs ein ähnlich "dummes Handeln" vermuten, denn sonst wäre er ja nicht in die Tiefe hinabgestürzt. Anja kann dann auch noch etwas Positives über den Ziegenbock sagen.

Anja: Also der Ziegenbock wäre bestimmt nicht hineingegangen, wenn der Fuchs gesagt hätte, daß er hineingefallen war und nicht allein wieder rauskonnte. Dann hätte der Ziegenbock bestimmt erst überlegt und dem Fuchs anders geholfen.

Lehrer: Ihr habt jetzt schon eine ganze Menge über die beiden Tiere festgestellt. Udo will noch etwas sagen, bitte.

Udo: Vielleicht wußte der Ziegenbock schon vorher, ob der Fuchs etwas vorhatte oder so.

Lehrer: ...

II/Ü 8 Situationsauffassung:

Handlungsziel:

Lehrtätigkeit:

Lösungsvorschlag III/Ü 8

Situationsauffassung:

Udo hat eine weniger plausible Vermutung geäußert. Mit dem bisher Gesagten kann über diese Vermutung nachgedacht werden und die Angemessenheit geklärt werden.

Handlungsziel:

Udos Vermutung soll von den anderen Schülern geklärt werden.

Lehrtätigkeit:

Pro: Einen Schülerbeitrag zur Diskussion stellen

"Vielleicht können die anderen etwas zu Udos Vermutung sagen."
Oder: "Wie denken die anderen darüber?"

Situation:

Der Lehrer hat Udos etwas ungewöhnliche Vermutung zur Diskussion gestellt.

Thomas: Das glaube ich nicht, dann wäre der Ziegenbock da nicht hineingegangen.

Nicole: Der Ziegenbock hätte ja auch gesehen, daß da am Rande etwas abgebröckelt war oder andere Spuren waren, wo der Fuchs reingefallen war.

Rainer: Udo, das glaube ich nicht, denn dann würde er erstens nicht hineingehen und außerdem hätte er geahnt, daß er unten bleibt. Ich glaube eher, er hätte ihm von oben herausgeholfen.

Mit einer Globalverstärkung für gute Mitarbeit und treffende Charakterisierung der beiden Tiere, die sich ja auch im Tafelprotokoll niedergeschlagen habe, leitet der Lehrer zur zweiten Erarbeitungsphase über.

Lehrziele der zweiten Erarbeitungsphase:

Die Schüler sollen die Aussage entschlüsseln, die hinter der vordergründigen Handlung verborgen ist.

- Gutmütigkeit kann zum eigenen Schaden führen, wenn der Hilfsbereite ohne nachzudenken handelt.
- Der Überlegene nutzt die Schwäche und Gutmütigkeit seines Gegenübers aus. Der Hilfsbereite wird vom Schlauen übertölpelt und geschädigt.

Geplante Erarbeitungsschritte:

Anregen und/oder Aufgreifen bzw. Anknüpfen:

- Die Besonderheit des Textes: Es handelt sich um eine Fabel, in der den Menschen etwas gesagt werden soll.
- Gutgläubigkeit und Gutmütigkeit kann zu Schaden führen, wenn der Hilfsbereite unüberlegt handelt.
- Verständnis zeigen für die Schwäche des einen Akteurs: Der Ziegenbock hatte großen Durst.
- Der Hilfsbereite wird vom Überlegenen übertölpelt.

Situation:

Lehrer: Ihr habt die Unterschiede zwischen den "beiden Tieren" gut herausgearbeitet. Ihr habt erkannt, wer welche Vorzüge oder welche Nachteile hat und wie sie sich zueinander verhalten haben. Das habt ihr gut gemacht. Nun möchte ich mit euch noch über etwas anderes nachdenken: Im Text begegnen sich zwei Tiere, die sich ganz anders verhalten, als wir sie kennen.

Andreas: Also ich finde, in Wirklichkeit würden sich die Tiere nicht gegenseitig helfen, sondern eher gegeneinander sein.

Iris: In Wirklichkeit sprechen die Tiere nicht so wie Menschen miteinander. Die haben doch eine eigene Sprache.

Gloria: Der Fuchs hat auch eine andere Sprache als der Ziegenbock.

Sabine: Das ist hier wie im Märchen, da können sich die Tiere auch unterhalten, z.B. der Frosch mit der Prinzessin im Märchen vom Froschkönig.

Stefanie: Also, das hier ist eine Fabel.

Lehrer: ...

I/Ü 9 Situationsauffassung:

Handlungsziel:

Lehrtätigkeit:

Lösungsvorschlag III/Ü 9

Situationsauffassung:

Der durch den indirekten Impuls intendierte Denkniveauwechsel hat zunächst nicht die beabsichtigte Wirkung. Der Grund dafür könnte in der mißverständlichen Impulsformulierung zu suchen sein. Besser wäre es wohl gewesen, wenn ein direkter Impuls angefügt worden wäre, z.B. die Frage: "Was steckt dahinter?" Stefanies Beitrag "rettet" jedoch die Situation. Das Stichwort "Fabel" könnte den Denkniveauwechsel einleiten.

Handlungsziel:

Der Lehrer möchte deutlich zu erkennen geben, daß Stefanies Beitrag für den Fortgang des Gesprächs von Bedeutung ist.

Lehrtätigkeit:

Ak: Gewichten von Schülerbeiträgen

"Stefanie hat eben etwas Wichtiges festgestellt. Ich glaube, du sagst es noch einmal."

Situation:

Stefanie hat mit der Feststellung, daß es sich bei dem Text um eine Fabel handele, das Stichwort zum Denkniveauwechsel von der Handlungs- zur Reflexionsebene gegeben.

Lehrer: Stefanie hat eben etwas Wichtiges festgestellt. Ich glaube, du sagst es noch einmal.

Stefanie: Daß das eine Fabel ist,und die Tiere eine menschliche Rolle einnehmen. Die Tiere könnten Menschen sein.

Lehrer: Gut, und jetzt weiter.

Eva: Und dann wie Menschen sprechen und denken.

Rainer: Die Tiere denken eigentlich nicht nach, wie sie herauskommen.

Nicole: Doch, der Fuchs kann denken. Er hat sich doch eine List ausgedacht und den Ziegenbock betrogen, weil dieser gutmütig und hilfsbereit war.

Uwe: Die Tiere können eigentlich nicht denken. Die haben doch nur Instinkt.

Lehrer: ...

/Ü 10 Situationsauffassung:

Handlungsziel:

Lehrtätigkeit:

Lösungsvorschlag III/Ü 10

Situationsauffassung:

Stefanie erweitert ihren Gedanken und erwähnt, daß Fabelfiguren für Menschen stehen. Eva knüpft daran an und konkretisiert Stefanies Feststellung. In den darauf folgenden Beiträgen wird der Denkniveauwechsel nicht mitvollzogen. Es ist zu befürchten, daß sich die Schüler wieder auf der Handlungsebene mit dem Fabelgeschehen auseinandersetzen und bereits Gesagtes wiederholen werden.

Handlungsziel:

Der Denkniveauwechsel soll durch einen direkten Impuls angeregt werden. Der Lehrer will deutlich zum Ausdruck bringen, daß man sich mit der Aussage befassen soll, die hinter der Handlung verborgen ist.

Lehrtätigkeit:

Ak: Hinweis auf angemessene Denktätigkeit; die Richtung der Gedankenentwicklung andeuten

"Was steckt dahinter?"

Situation:

Mit der Frage "Was steckt dahinter?" möchte der Lehrer zum Nachdenken über die in der Fabel enthaltene Aussage bzw. Erfahrung anregen.

Anja: Ich könnte mir denken, daß man aus der Fabel etwas lernen soll.

Michael: Zum Beispiel, man soll lernen, daß man nicht alles glauben soll, was einem gesagt wird.

Sascha: Man darf nicht gleich jedem vertrauen, wenn man jemanden ein paar Minuten kennt und dann gleich Geheimnisse anvertraut.

Lehrer: ...

/Ü 11 Situationsauffassung:

Handlungsziel:

Lehrtätigkeit:

Lösungsvorschlag III/Ü 11

Situationsauffassung:

Anja hat in noch sehr allgemeiner Form eins der Lernziele formuliert, nämlich daß die im Text enthaltene Aussage auf den menschlichen Bereich übertragen werden kann. Mit dieser Feststellung ist ein wichtiges Denkfeld umrissen, das es zu präzisieren und zu konkretisieren gilt.
Michael und Sascha knüpfen zwar an Anjas Beitrag an, finden jedoch Beispiele, die dem Gemeinten nur überflächlich entsprechen.

Handlungsziel:

Michaels und Saschas Beiträge sollen präzisiert bzw. ergänzt werden, d.h. das als Erfahrung Gemeinte "Erst nachdenken, dann handeln" müßte deutlicher zum Ausdruck gebracht werden.

Lehrtätigkeit:

Na: Zur Verdeutlichung, Differenzierung eines Beitrages veranlassen

"Meiner Meinung nach müßte zu dem, was Michael und Sascha meinen, noch genau gesagt werden, was man lernen kann."

Situation:

Zwei Beispiele zu dem, was aus der Fabel gelernt werden kann, entsprechen dem Gemeinten nur oberflächlich. Der Lehrer "hakt nach": "Meiner Meinung nach müßte zu dem, was Michael und Sascha festgestellt haben, noch genauer gesagt werden, was man lernen kann."

Kirsten: Man darf nicht gleich alles glauben, wenn jemand um Hilfe bittet und deswegen nett ist. Er könnte ja seinen Vorteil dabei suchen.

Anja: Man soll erst nachdenken und ein Versprechen prüfen, bevor man etwas tut.

Lehrer: Ich glaube, das können wir als Merksatz an die Tafel schreiben und jeden Tag lesen.

Andreas: Der Fuchs war nur deswegen nett, damit der Ziegenbock nicht erst nachdenkt und ihm blind vertraut.

Thomas: Und außerdem war er ja auch durstig und dachte nur an das frische Wasser.

Nicole: Der ist ja deswegen gleich hinuntergestiegen, weil er unbedingt trinken wollte. Er fragt erst, nachdem er seinen Durst gelöscht hatte.

Lehrer: ...

I/Ü 12 Situationsauffassung:

Handlungsziel:

Lehrtätigkeit:

Lösungsvorschlag III/Ü 12

Situationsauffassung:

Anja hat in ihrem Beitrag eins der intendierten Lehrziele formuliert. Nach den vorangegangenen Überlegungen und der Vorarbeit in der ersten Erarbeitungsphase kann angenommen werden, daß auch andere Schüler diese Erfahrung bzw. Aussage verstanden haben.

In den Beiträgen von Thomas und Nicole taucht ein weiterer Aspekt auf: Verständnis und eine Erklärung dafür, daß neben der Gutgläubigkeit die besondere Bedürfnissituation, in der sich der Ziegenbock befand, der Grund dafür ist, warum er nicht nachgedacht hat.

Handlungsziel:

Die Schüler sollen in der besonderen Situation, in der sich der Ziegenbock befindet, eine Erklärung und vielleicht auch Verständnis für seine Arglosigkeit finden.

Lehrtätigkeit:

Ak: Dazu anregen, Verhaltensweisen zu vergleichen, um Beziehungen, Gemeinsamkeiten herzustellen

"Über folgendes solltet ihr noch ein bißchen nachdenken: Gutgläubig sein, großen Durst haben und dann nachdenken oder einen klaren Kopf haben."

Oder:

Pro: Schülerbeiträge zur Diskussion stellen; dazu anregen, sich damit auseinanderzusetzen

"Vorhin habt ihr so einfach gesagt: Der Ziegenbock hätte eigentlich nachdenken sollen."

Situation:

Die Schüler werden angeregt, die Verhaltensweisen des Ziegenbocks "gutgläubig sein, großen Durst haben und dann nachdenken oder einen klaren Kopf haben" zu vergleichen, um eine Erklärung für dessen Arglosigkeit zu finden.

Stefanie: Ich glaube, ich hätte auch nicht überlegt, wenn ich der Ziegenbock gewesen wäre: Das schöne, klare Wasser für meinen Durst und dann der kluge Fuchs da unten.

Sascha: Er hat dem Fuchs vertraut, denn den halten die anderen Tiere ja für besonders schlau. Andere hätten das bestimmt genauso gemacht.

Iris: Der Ziegenbock hätte sich nicht auf den Fuchs verlassen, wenn er nicht so durstig gewesen wäre.

Holger: Ich finde, hier soll man lernen, daß man auch nachdenken soll, wenn man großen Durst, Hunger oder so was hat, bevor man etwas Gefährliches tut.

Anja: Und daß man sich mit seiner Gutmütigkeit selbst schaden kann, wenn man dem Schlaueren gleich vertraut.

Stefanie: In den meisten Fabeln, die wir hatten, sind die einen schlau und die anderen sind ein bißchen dümmer oder was anderes.

Lehrer: Oder, wir haben einen Überlegeneren und einen Schwächeren.

...

I/Ü 13 Situationsauffassung:

Handlungsziel:

Lehrtätigkeit:

Lösungsvorschlag III/Ü 13

Situationsauffassung:

Die Aussage der Fabel, daß Gutmütigkeit zum eigenen Schaden führen kann, wenn der Hilfsbereite ohne nachzudenken handelt, wurde von den Schülern entschlüsselt.

Es ist wieder Stefanie, die mit ihrer Feststellung der Gedankenentwicklung eine neue Richtung gibt. Der Lehrer knüpft hier an und paraphrasiert Stefanies Gedanken, um zur Entschlüsselung einer weiteren Aussage anzuregen: Der Überlegene nutzt hier die Schwäche und Gutmütigkeit seines Gegenübers aus. Oder: Der Hilfsbereite wird vom Schlauen übertölpelt und geschädigt.

Handlungsziel:

Die Schüler sollen dazu angeregt werden, die oben genannte Aussage zu entschlüsseln.

Lehrtätigkeit:

Pro: Eine Behauptung aufstellen, um zur Entschlüsselung einer Aussage anzuregen

"Damit will der Fabeldichter etwas Bestimmtes ausdrücken."

Stefanies Feststellung, daß in den bisher behandelten Fabeln Akteure vorkamen, von denen "die einen schlau und die anderen ein bißchen dümmer oder was anderes" sind, wird vom Lehrer mit der Gegenüberstellung "eines Überlegeneren" und "eines Schwächeren" ergänzt. Auf seine Behauptung, daß der Fabeldichter damit etwas Bestimmtes ausdrücken will, folgen vier gehaltvolle Beiträge, mit denen das Gespräch abgeschlossen wird.

Michael: Der Überlegene denkt nur an sich und hat kein Mitleid mit dem Schwächeren.

Rainer: Der Ziegenbock war schwach, denn er hatte Durst. Der Fuchs hat sich gedacht: Der ist jetzt durstig und kann nicht richtig nachdenken. Dann tut er alles, was ich ihm sage.

Anja: Der Überlegene nutzt den Gutmütigen aus, weil man den leichter überlisten kann.

Stefanie: Der Schlauere legt den Dümmeren rein: So war es auch beim Raben, als der Fuchs ihm schmeichelte und er dann den Schnabel öffnete.

Lehrer: Das habt ihr gut erkannt. Ihr könnt wirklich nachdenken. Ihr habt euch gut in die Fabel hineinversetzt, erst das Verhalten der Tiere beschrieben und dann herausgefunden, was der Fabeldichter uns sagen wollte.

6· LITERATURVERZEICHNIS

AEBLI, H.: Grundformen des Lehrens. Stuttgart 1977

AUSUBEL, D.P.: Psychologie des Unterrichts, 2. Bd. Weinheim 1974

BECKER, G.E.: Schulpädagogische Studien und Kurse zum Training des Lehrverhaltens. In: POTTHOFF, W. (Hrsg.): Studienführer Schulpädagogik. Freiburg 1975, S. 192 - 204

BOLLNOW, O.F.: Sprache und Erziehung. Stuttgart 1966

BORG, U.R.; STONE, D.R.: Protocol materials as a tool for changing teacher behavior. The Journal of Experimental Education 1974, 43, 34 - 39

DREVER, J.; FRÖHLICH, W.: Wörterbuch zur Psychologie. München 1968

EIGLER, G. et al.: Grundkurs Lehren und Lernen. Weinheim 1973

GAGNÉ, R.M.: The learning of pinciples. American Psychologist, 1962, 17, 83 - 91.

GLIESSMANN, D.; PUGH, R.C.; BELAT, B.: Acquiring teaching skills through concept-based training. The Journal of Educational Research 1979, 72, 149 - 154.

GRELL, J.: Techniken des Lehrerverhaltens. Weinheim 1974

HECKHAUSEN, H.: Förderung der Lernmotivierung und der intellektuellen Tüchtigkeiten. In: ROTH, H. (Hrsg.): Begabung und Lernen. Stuttgart 1969, S. 193 - 228

HUNT, D.E.: Teachers' adaption: 'reading' und 'flexing' to students. Journal of Teacher Education, 1976, 27, S. 268 - 275

HYMAN, R.T.: Ways of teaching. Philadelphia 1974

JOERGER, K.: Lernprozesse bei Schülern. Stuttgart 1975

McDONALD, F.; ALLEN, D.: Training effects of feedback procedures on teaching performance. Stanford Center for Research and Development in Teaching. Technical Report No. 3, 1967

MISCHEL, W.: Toward a cognitive social learning reconceptualization of personality. Psychological Review 1973, 80, S. 252 - 283.

MUTH, J.: Von acht bis eins. Essen 1967

RITZ-FRÖHLICH, G.: Das Gespräch im Unterricht. Anleitung - Phasen - Verlaufsformen. Bad Heilbrunn 1977

RÖSSNER, L.: Gespräch, Diskussion und Debatte im Unterricht der Grund- und Hauptschule. Frankfurt 1967

ROTH, H.: Pädagogische Psychologie des Lehrens und Lernens. Hannover 1980

SHAVELSON, R.J.: What is the basic teaching skill. Journal of Teacher Education, 1973, 24. S. 144 - 151

SHAVELSON, R.J.: Teachers' decision making. In: GAGE, N.C. (Ed.): The psychology of teaching methods. Yearbook of the NSSE, Chicago, 1976, S. 372 - 414

SUCHMAN, J.: In pursuit of meaning. The instructor, 1965, 75

THIELE, H.: Lehren und Lernen im Gespräch. Gesprächsführung im Unterricht. Bad Heilbrunn 1981

THIELE, H.: Zur Beeinflussung des Entscheidungsverhaltens im Unterricht: Eine empirische Untersuchung zu einem theoriegeleiteten Lehrertraining. In: HOFER, M. (Hrsg.): Informationsverarbeitung und Entscheidungsverhalten von Lehrern. München 1981

WAGNER, A.C.: Mikroanalyse von Unterrichtsverhalten. In: MINSEL, W.R. et al.: Verhaltenstraining - Modelle und Erfahrungen. Ratingen 1976

WINNEFELD, F.: Pädagogischer Kontakt und pädagogisches Feld. München 1965 (2. Aufl.)

WOODRUFF, A.P.: Cognitive models of learning and instruction. In: SIEGEL, L.: Instruction - Some contempoary viewpoints. Scranton, 1967, S. 55 - 98